Johannes Grotzky
# GELEBTE GESCHICHTE
Gespräche in BR-alpha

Johannes GROTZKY, Dr. phil. (*1949)

Studium der Slawistik, Balkanologie und Geschichte Ost- und Südosteuropas in München und Zagreb. 1983-1994 ARD-Korrespondent (Hörfunk) in Moskau und Wien (Südosteuropa). 2002-2014 Hörfunkdirektor des Bayerischen Rundfunks. Bücher: Gebrauchsanweisung für die Sowjetunion (1985, $^4$1990), Herausforderung Sowjetunion (1991), Konflikt im Vielvölkerstaat (1991), Balkankrieg (1993), Freiheit alleine macht nicht satt, Hrsg. (1996), Schachmatt (2004, $^3$2012), Fremde Nachbarn (2009, $^2$2012), Lenins Enkel (2009), „Mit welchem Recht kämpfen wir dort?" (2011), Panta rhei (2012).

Johannes Grotzky

# GELEBTE GESCHICHTE

Gespräche mit
Egon Bahr, Hans Maier, Charlotte Knobloch,
Jutta Limbach, Rita Süssmuth, Gerd Schmückle,
Dieter Hildebrandt, Wibke Bruhns
in BR-alpha

**Bibliografische Information der Deutschen Nationalbibliothek:**
Die Deutsche Nationalbibliothek verzeichnet diese Publikation in der Deutschen Nationalbibliografie; detaillierte bibliografische Daten sind im Internet über http://dnb.d-nb.de abrufbar.

© Johannes Grotzky/BR 2013, ²2014
Umschlaggestaltung: BoD easyCover
Herstellung und Verlag: BoD - Books on Demand, Norderstedt
Printed in Germany
ISBN 978-3-735-74010-6

VORWORT _____ 7

DAS GESPRÄCH ALS ERINNERUNGSKULTUR

PROF. EGON BAHR _____ 11

SPD-POLITIKER, BUNDESMINISTER A.D.

PROF. DR. HANS MAIER _____ 31

POLITIKWISSENSCHAFTLER,
BAYERISCHER STAATSMINISTER A. D.

DR. H.C. CHARLOTTE KNOBLOCH _____ 51

PRÄSIDENTIN DER ISRAELITISCHEN KULTUSGEMEINDE
MÜNCHEN UND OBERBAYERN

PROF. DR. JUTTA LIMBACH _____ 70

PRÄSIDENTIN DES BUNDESVERFASSUNGSGERICHTS UND
DES GOETHE-INSTITUTS A.D.

PROF. DR. RITA SÜSSMUTH _____ 88

BUNDESTAGSPRÄSIDENTIN A.D.

GERD SCHMÜCKLE _____ 108

NATO-GENERAL A.D.

DIETER HILDEBRANDT                               130
AUTOR UND KABARETTIST

WIBKE BRUHNS                                     156
JOURNALISTIN

KURZBIOGRAFIEN                                   182

# Vorwort

## Das Gespräch als Erinnerungskultur

"Hast Du schon gehört....? " zählt zu den Standardfragen der Alltagskommunikation. Wissbegierig wollen wir das Neueste erfahren, oft auch aus zweiter oder dritter Hand. Der Reiz des Neuen ist Anlass genug, sich der Medienrezeption zu öffnen. Unser Verhalten gegenüber dem Internet, den Zeitungen, dem Radio und Fernsehen wird oft von der Begierde nach dem Neuigkeitswert der Nachrichten geprägt, die über sozialer Netzwerke individuell oder über die traditionellen Medien massenwirksam an den Mann und an die Frau gebracht werden.

Im Gegensatz dazu steht das Gespräch, das sich in seiner Betrachtungsweise absichtlich von der Gegenwart ab- und der Vergangenheit zuwendet. Das Gespräch als Teil einer Erinnerungskultur, die auch als *oral history* Eingang in die Geschichtsschreibung gefunden hat. Hierbei gilt, vermeintlich bekannte Fakten zu hinterfragen, sie bestätigen oder korrigieren zu lassen, sich dem Zeitgeschehen aus der Erzählerperspektive der handelnden Personen zu nähern.

Das Alpha-Forum im Fernsehprogramm von BR-alpha ermöglicht diese Form des Gespräches und führt dabei zum Aufbau einer regelrechten Datenbank der Erinnerungskultur von Zeitzeugen der Gegenwart. Dem Moderator obliegt es, mit hoffentlich sachkundiger Vorbereitung und einem eigenen Wissensgerüst dem Gast im Studio unvoreingenommen, aber neugierig zu begegnen. Die Länge solcher Gespräche wiederum ermöglicht es, in das Leben, in die Motive und Handlungsoptionen der Gesprächspartnerinnen und Gesprächspartner einzusteigen.

Nur eines ist sicher: Der Verlauf solcher Gespräche ist nicht vorhersehbar, auch wenn ein zeitgeschichtliches Rahmenkonzept den inneren Handlungsablauf dieser Kommunikation mit bestimmt.

Unter den vielen Sendungen entwickelt der Moderator zu der gelebten Geschichte einzelner Gäste ein besonderes Verhältnis, sei es, dass hier Zeitgeschehen am evidentesten vermittelt wird oder aber Dinge im Rückblick zur Sprache kommen, die bislang wenig Aufmerksamkeit gefunden haben. In der vorliegenden Interviewauswahl geht es um Menschen, die ihr berufliches Lebenswerk bereits vollendet haben, die teilweise auf Umwegen in ihre politische Ämter gelangt sind und Zeitgeschichte nicht nur aus der erlebten, sondern aus der handelnden Perspektive darstellen können.

Die Gesprächspartnerinnen und Gesprächspartner standen bei den Aufnahmen zwischen ihrem 75. und 90. Lebensjahr. Daher sind ihre Erinnerungen von zeitgeschichtlichem Wert. Der Zeitraum des Erlebten umfasst den Holocaust und den 2. Weltkrieg mit den Auswirkungen der Nazizeit ebenso wie die Jahre des Kalten Krieges, die deutsche Ostpolitik, die Vereinigung der beiden deutschen Staaten, aber auch Aspekte der deutschen Wissenschafts- und Rechtsgeschichte sowie das Ringen um unterschiedliche gesellschaftliche Positionen. Doch es bleibt nicht einfach bei einem Kaleidoskop zeitgeschichtlicher Erinnerungen und Fakten. Denn alle Gesprächspartner vermitteln auch emotionale Seiten ihrer erlebten Geschichte. So bekennt Egon Bahr, der als Chef-Unterhändler der deutschen Ostpolitik zu einem erfolgreichen Vertragsabschluss mit Moskau verhalf, über seine erste Reise in die sowjetische Hauptstadt: „Zunächst einmal habe ich innerlich gezittert."

Hans Maier, dem man zu Recht ein intellektuelles Potential von ausgreifender Dimension bescheinigen kann, kommt angesichts der Hitler-Verliebtheit des Philosophen Heidegger zu der Erkenntnis: "Aus der Berührung mit der Person und dem Weg Martin Heideggers rührt mein abgrundtiefes, lebenslang anhaltendes Misstrauen gegen die politische Urteilskraft von Intellektuellen und Gelehrten."

Dem schließt sich das bedrückende Bild von Charlotte Knobloch an, die auf denkwürdige Weise vor dem Holocaust gerettet wurde und sich nach der Nazizeit dennoch zu einem Leben in Deutschland entschloss, wenn sie feststellt: „Wir schämten uns, dass wir in einem Land lebten, das man zur damaligen Zeit als Land der Mörder bezeichnet hat."

Zu dieser deutschen Geschichte gehören auch die anderen kontrastierende Erlebnisperspektiven des Fähnrichs Gerd Schmückle, der eingesteht, er habe Hitler geglaubt, dass es keinen Krieg geben werde, und der dann als Soldat in Russland von Morden an Juden erfahren hat.

Die Biografien von Jutta Limbach und Rita Süssmuth, auf verschiedenen politischen Seiten stehend, sind eng mit der jüngsten deutschen Geschichte bis hin zu Wiedervereinigung verbunden. „Wir haben alle geglaubt, dass sich die DDR allmählich zu so etwas wie einer moderaten Diktatur entwickeln würde", beschreibt Jutta Limbach die politischen Erwartungen, die von der Wirklichkeit überholt wurden.

Rita Süssmuth hat in ihrem politischen Lager als eine der ersten ein Tabu gebrochen und die Erkenntnis formuliert: „In Wirklichkeit sind wir nun einmal ein Einwanderungsland."

Wibke Bruhns war noch zu klein, um sich an die Hinrichtung ihres Vaters zu erinnern. „Ich kümmere mich um dich", versprach sie ihm und sich selbst, um die erschütternde Familiengeschichte ursprünglich bekennender Nazi-Eltern und daran anschließend ihre eigene Lebensgeschichte aufzuarbeiten.

Dieter Hildebrandt hielt der deutschen Nachkriegspolitik mit satirischem Gespür eine Mängelliste von Fehlentwicklungen vor Augen bis hin zu dem - von ihm erfundenen - Wehner-Zitat aus dem Deutschen Bundestag: "Ich hoffe, das Hohe Haus wird mir meine Leidenschaft verzeihen, ich hätte Ihnen die Ihre auch gerne verziehen."

Auch wenn jedes Gespräch in sich eine geschlossene Einheit bildet, so fügen sich diese biografischen Rückerinnerungen zu einer historischen Gesamtschau zusammen, in der Menschen, Orte und Ereignisse für den Leser inhaltliche Verbindungen herstellen, ohne selbst miteinander verbunden gewesen zu sein.

Dem Buch ist am Schluss ein Kapitel mit Kurzbiografien angefügt. Ausführliche Lebensläufe zu allen Interviewten bietet die Wikipedia[1]. Das reichhaltige Archiv aller zeitgeschichtlichen Gespräche im Alpha-Forum kann ebenfalls im Internet recherchiert werden[2].

Das alpha-Forum wäre nicht möglich ohne Werner Reuß, den Programmchef von BR-alpha. Ihm verdanke ich Motivation und Ermunterung, um für diese Sendereihe als Moderator zur Verfügung zu stehen. Inzwischen liegt eine eindrucksvolle Auswahl seiner eigenen Sendungen im alpha-Forum als Buch vor[3], ergänzt von einem weiteren Gesprächsband meines Kollegen Christoph Lindenmeyer.[4] Für die verschrifteten Fassungen dieser Fernsehgespräche ist Dr. Wolfgang Habermeyer und Dr. Annette Seybold-Krüger ebenso herzlich zu danken wie den betreuenden Redakteuren Dr. Jörg Lösel und Sabine Keerl-Bahr. Nicht zuletzt hängt der Erfolg dieser Sendereihe auch von dem Einfühlungsvermögen der Aufnahmeleiter, Kameraleute und des weiteren technischen Personals ab. Auch ihnen sei für ihre Geduld mit einem typische Radiomenschen vor der Kamera herzlich gedankt.

---

[1] de.wikipedia.org/wiki/N.N.
[2] http://www.br.de/fernsehen/br-alpha/sendungen/alpha-forum/gaeste-a-z/index.html
[3] Werner Reuß: Laute(r) Gedanken. Gespräche in BR-alpha. Norderstedt 2013
[4] Christoph Lindenmeyer: Wer fragt beginnt. Gespräche in BR-alpha. Norderstedt 2011

# Prof. Egon Bahr

SPD-Politiker, Bundesminister a.D. [5]

- Unser Gast hat zusammen mit Willy Brandt die Ostpolitik konzipiert und umgesetzt. Damit wurden Aussöhnung, Verständigung und Gewaltverzicht in Europa möglich gegenüber unseren östlichen Nachbarn. Dies wiederum war die Grundlage für die spätere Vereinigung der beiden deutschen Nachkriegsstaaten. Herzlich willkommen bei uns, Egon Bahr. Sie waren doch ein sehr erfolgreicher Journalist: Sie waren Chefkommentator des RIAS, Chefredakteur des RIAS. Das hätte schon gereicht für eine große Karriere. Was war Ihr Motiv, sozusagen die Seiten zu wechseln und nicht nur über Politik zu berichten, sondern Politik selbst zu machen? Was war Ihre Motivation, in die Politik einzusteigen?

*Egon Bahr:* Die Motivation war im Prinzip ganz einfach: Ich habe viele Jahre lang geschrieben, geredet, erklärt, konnte aber nichts bewegen. Und dann kommt man als Journalist eben in die Lage, sich zu fragen: "Soll ich die Seiten wechseln und soll ich versuchen, etwas zu machen?" Nach dem Berlin-Ultimatum von Chruschtschow hat damals die Bundesregierung einige Journalisten ausgesucht – so ungefähr ein halbes Dutzend – und sie als Attachés an unsere Botschaften delegiert. Da hatte ich das Glück, nach Accra geschickt zu werden, um dort in Westafrika zu arbeiten. Das hat mir ungeheuer gut gefallen und das war schon ein bisschen "machen". Ich war also innerlich eingestellt darauf, die Seiten zu wechseln, und kam zurück. Nach meiner Rückkehr nach Deutschland hätte ich dann nach einiger Zeit wieder nach Accra

---
[5] Erstausstrahlung am 19.03.2012

fahren sollen.
- Das heißt, Sie wären dort dann Presse-Attaché geworden?
*Egon Bahr:* Ja, dort wäre ich Presse-Attaché geworden. Dabei stellte sich aber heraus, dass meine Frau nicht feuchttropentauglich war, sondern nur trockentropentauglich. Aus diesem Grund hat mir dann das Auswärtige Amt Khartum oder Teheran zur Auswahl angeboten. Ich habe mir das überlegt, aber in diese Überlegungen hinein kam der Anruf des damaligen Bundessenators Klein mit der Mitteilung, der Regierende Bürgermeister von Berlin möchte mich sprechen. Ich bin dann rübergegangen in die Lobby des Deutschen Bundestages. 10 Uhr morgens war für Brandt eine relativ frühe und maulfaule Zeit. Er kam raus und fragte mich direkt: "Wollen Sie Presse-chef bei mir werden?" Darauf habe ich ihm mit Ja geantwortet. Dieses Gespräch hat wirklich nur genau so lange gedauert, wie ich das soeben erzählt habe.
- Hatten Sie sich vorher bereits persönlich gekannt? Gab es eine Verbindung zwischen Ihnen?
*Egon Bahr:* Wir hatten uns selbstverständlich gekannt, ich hatte ihn ja bereits mehrfach gesehen – so wie ich alle wichtigen Leute von allen Parteien damals gesehen habe. Und er hatte mich bereits 1953 mal abgelehnt, als ich in seine Partei eintreten wollte. 1956 hatte er dann endlich zugestimmt, dass ich in die SPD eintrete.
- Hatte er denn ein Argument, warum er gesagt hatte, Sie sollten nicht in die SPD eintreten?
*Egon Bahr:* Er hatte damals beim ersten Mal gesagt: "Sie machen sich falsche Vorstellungen. Man kann u. U. von draußen mehr bewegen als innerhalb einer Partei." Aber 1956 hatte dann Herr Ollenhauer, der damalige Vorsitzende der SPD in Deutschland, meiner Auffassung nach törichte Äußerungen gemacht, als der Ungarn-Aufstand begann. Daraufhin habe ich zu Willy Brandt gesagt: "Ich bestehe jetzt darauf, in die Partei einzutreten!" Er lächelte nur und meinte: "Wem nicht zu raten ist, dem ist auch nicht zu helfen." Und so bin ich in die SPD gekommen.
- Sie haben soeben den Ungarn-Aufstand im Jahr 1956 er-

wähnt. Davor hatte es ja im Jahr 1953 die Ereignisse des 17. Juni gegeben. Sie waren damals beim RIAS: Welche Rolle hat Ihrer Meinung nach damals der "Rundfunk im amerikanischen Sektor" gespielt, um die Menschen nicht nur zu informieren, sondern um möglicherweise auch Dinge zu transportieren, von denen man nicht wusste, welche Auswirkungen sie haben würden?

*Egon Bahr:* Die Wirkung des RIAS beruhte auf seiner Glaubwürdigkeit: Wir waren zwar ein amerikanischer Sender, aber wir konnten machen, was wir wollten. Die Kollegen des Bayerischen Rundfunks haben uns zuweilen beneidet um unsere wirkliche Pressefreiheit. Wir durften nur nicht sagen, dass der amerikanische Präsident ein Idiot ist, aber ansonsten waren wir wirklich frei. Wir waren 1953 im RIAS natürlich darüber informiert, dass es Unruhen gab wegen der Normenerhöhung. Das heißt, die Arbeiter sollten für's gleiche Geld länger arbeiten. Aber wir hatten keine Ahnung davon und wurden daher am 16. Juni überrascht von den Meldungen, dass sich die Bauarbeiter von der Stalinallee in Marsch setzten in Richtung Innenstadt. Wir waren genauso überrascht wie die Vopos. Sie hatten es nämlich auch noch nicht erlebt, dass es eine nicht genehmigte Demonstration gibt. Sie haben daher den Weg frei gemacht. Auf dem Weg zwischen Stalinallee und dem Haus der Ministerien an der Leipziger Straße, das heute das Finanzministerium beherbergt, hatten sich die Forderungen gewandelt: Aus "Nieder mit den Normen" wurde die Forderung nach freien Wahlen.

- Das heißt, diese Demonstration hatte sich politisiert.

*Egon Bahr:* Ja. Es war genau das passiert, was Lenin mal vorausgesagt hatte: "Es beginnt mit wirtschaftlichen Fragen und endet mit politischen Fragen. Interessant wird die Sache, wenn die bewaffneten Streitkräfte auf die Seite der Protestierenden umschwenken." Das wäre auch so gewesen, aber dem standen dann die Sowjets entgegen. Mit anderen Worten: Am Nachmittag des 16. Juni 1953 kam eine Abordnung der Streikleitung zu mir in meine Räume als Chefredakteur des RIAS und verlangte, wir sollten den Ausnahmezustand ausrufen.

## Egon Bahr

– Das wäre jetzt nicht direkt Ihr Job gewesen.
*Egon Bahr:* Weiß Gott nicht, und das haben wir ihnen auch gesagt. Wir haben dann mit dieser Abordnung besprochen, welche Forderung sie haben. Diese Forderungen haben wir dann in ein vernünftiges Deutsch und eine vernünftige Reihenfolge gebracht und ihnen versprochen, dass wir das auch so senden werden. Und dann zogen sie ab: nicht besonders zufrieden, aber mehr konnten sie von uns einfach nicht bekommen. Wir haben also diese Sachen gesendet – bis wir hörten, dass das so nicht ginge. Diese Abordnung hatte uns nämlich gesagt, dass am nächsten Morgen am Strausberger Platz eine Protestversammlung stattfinden würde, auf der die Forderungen erneut gestellt würden.

Wir hatten Angst, dass am nächsten Morgen auf dem Strausberger Platz nur ein paar Hansel sein würden, die dann alle ohne größeres Aufsehen verhaftet werden würden. Wir haben also immer fleißig dazugesagt, dass am nächsten Morgen auf dem Strausberger Platz eine Protestversammlung stattfinden soll. Da aber kam unser amerikanischer Direktor zu uns und sagte zu uns: "Der Hochkommissar" – sozusagen der damalige Botschafter in Bonn – "hat angerufen und gefragt, ob denn der RIAS den dritten Weltkrieg beginnen wolle."

– Denn das war ja eigentlich ein Aufruf zur Demonstration.
*Egon Bahr:* Ja, und sie hatten die Sorge, dass die Sowjets, wenn sie dort eingreifen würden, mit ihren Panzern gleich weiterrollen würden. Ich konnte zwar argumentieren, dass das unwahrscheinlich und politisch eigentlich nicht möglich sei, aber beweisen konnte ich das nicht. Jedenfalls war es eine Weisung an uns. Wir haben das dann so nicht mehr gesendet, aber dafür abends den DGB-Chef alarmiert, der das dann von sich aus so verkünden konnte und auch verkündet hat. Damit konnten wir das wieder senden. Aber dann kam am 17. Juni eben der Ausnahmezustand, und der Sender hat sofort gesagt, dass er selbstverständlich nicht zum Kampf gegen die Besatzungsmacht aufrufen werde. Dann kam der Donnerstag, der 18. Juni. An dessen Nachmittag traf ein Mensch mit nassen Kleidern bei uns in der Redaktion ein, denn er

war durch den Kanal geschwommen. Er berichtete, dass in Brandenburg auch etwas passiert sei. Es hat dann insgesamt zehn Tage gedauert, bis wir einen Überblick bekommen haben: Im Prinzip war die ganze "Zone" quasi explodiert und überall wurden dieselben Forderungen in derselben Reihenfolge und im selben Wortlaut gestellt.

- Das heißt, man berief sich dabei auf den RIAS.

*Egon Bahr:* Ja. Wir bekamen dann mit, dass unser Sender, ohne es zu wollen und ohne es zu wissen, zum Katalysator des Aufstandes geworden war.

- Kommen wir nun zu einem anderen Ereignis, das für Berlin ähnlich einschneidend war: zum berühmten Bau der Mauer. Uns wurde ja immer erzählt, die DDR habe über Nacht eine Steinmauer errichtet und der Westen sei völlig überrascht gewesen und niemand habe etwas gewusst davon. In Wirklichkeit jedoch war diese Sache mit dem Mauerbau ein längerer Prozess. Ich habe in einem Ihrer vielen Bücher von Ihnen gelernt, dass zuerst einmal nur ein Stacheldrahtverhau aufgezogen worden sei. Anschließend wartete die DDR-Führung drei Tage lang, bis sie tatsächlich eine Mauer hochziehen ließ. In dieser Zeit waren Sie bereits bei Willy Brandt und damit in einem politischen Sprecheramt. Wie war Ihre Reaktion? Wie war Ihre Hoffnung? Waren Sie enttäuscht über das, was die westlichen Alliierten gemacht bzw. nicht gemacht haben?

*Egon Bahr:* Das ist eine lange, eine tragische, eine komische, eine furchtbare Geschichte. Im Frühjahr 1961, ich glaube, es war im April, war wie immer NATO-Konferenz, die Frühjahrskonferenz. Sie fand damals in Oslo statt. Ich bekam das Kommuniqué dieser Konferenz und lief daraufhin aufgeregt zu Brandt und habe zu ihm gesagt: "Hier ist vom Vier-Mächte-Status gar nicht mehr die Rede! Es ist nur noch die Rede vom Recht der drei Mächte auf freien Zugang. Das ist doch wie eine Aufforderung an die Sowjetunion, sie könne nun mit dem Ostsektor machen, was sie will." Aber nun gut, was soll's: Wir wussten nicht genau, was das bedeuten könnte. Aber wie auch immer, wir erlebten dann, dass die

Zahl der Flüchtlinge immer weiter zunahm. Und wir hatten – ebenfalls wie fast immer – Bundestagswahlen vor uns. Deswegen waren wir in Nürnberg, wo Brandt eine Rede halten musste, die sehr schwierig war. Denn er konnte mit Blick auf die Landsleute in Ostdeutschland ja nicht sagen: "Es ist nichts, seid ruhig, bleibt ruhig!" Da hätten die Leute doch über ihn gesagt: "Der Brandt hat einen Vogel!" Er konnte aber auch nicht sagen: "Kommt, solange ihr noch kommen könnt!" Denn dann hätte die andere Seite genau das als Vorwand benutzt, um das zu machen, was sie ohnehin vorgehabt hatte. Das war also ein regelrechter Slalomlauf. Er ist dann in seinen Wahlzug gestiegen und in Richtung Norden aufgebrochen, wurde in Hannover aus dem Zug geholt und von dort nach Berlin geflogen. Dort ging er ans Brandenburger Tor und musste mit ansehen, wie Stacheldraht aufgezogen wurde. Das hieß: Absperrung! Enttäuschung! Entsetzen! Hilflosigkeit! Empörung! Er ging daraufhin zu den Kommandanten und musste dort feststellen: Sie hatten keine Weisungen! Es war einfach nicht vorgesehen, dass irgendetwas passierte. Die Führungen in Washington, Paris und London waren in ein ruhiges Wochenende gefahren.

- Sind Sie überzeugt davon, dass sie völlig naiv überrascht worden sind, oder hätten sie doch etwas wissen können?

*Egon Bahr:* Sie hätten nicht nur etwas wissen können, sondern ich bin fest davon überzeugt: Sie haben etwas gewusst! Hinterher haben wir ja erfahren, dass McCloy, der frühere Hochkommissar in Deutschland, Chruschtschow auf der Krim besucht hatte.

- Dort war es zu diesem berühmten Tennisspiel gekommen. Die haben dort sicher nicht nur Tennis gespielt?

*Egon Bahr:* Ja, das glaube ich auch.

- Die Westmächte haben sicherlich auch gesehen, dass auf den Autobahnen Transporter unterwegs sind. Der sowjetische Kommandant hatte seine westlichen Kollegen am 10. August in Potsdam empfangen und zu ihnen gesagt: "Keine Sorge, nichts wird hier passieren, was eure Rechte verletzt!"

*Egon Bahr:* Das stimmte auch. Verletzt wurden nur die Rechte der "Eingeborenen".

- Gleichwohl wurde aber doch auch die Bewegungsfreiheit der Westalliierten eingeschränkt, indem das Innenministerium der DDR gesagt hat: "Ihr dürft nur noch den Checkpoint Charlie benutzen.

*Egon Bahr:* Nun ja, am Anfang waren das drei "gleichberechtigte" Übergänge, aber bald war dann nur noch vom Checkpoint Charlie die Rede. Das heißt, wir waren schon etwas überrascht davon, dass die hochmögenden Inhaber der originären Rechte, also die Westmächte, Weisungen des Innenministers der DDR befolgten, die es angeblich gar nicht gab.

- Waren Sie in der ganzen Phase nur überrascht oder waren Sie auch verärgert und enttäuscht?

*Egon Bahr:* Nein, es war so, dass Brandt an Kennedy einen Brief geschrieben hatte, worauf ihm dieser geantwortet hat. Diese Antwort brachte damals Lyndon B. Johnson, der amerikanische Vizepräsident, nach Berlin. Gelesen haben wir diesen Brief erst, als Johnson dann wieder abgedampft war. In diesem Brief hieß es: "Die Mauer ist nur durch Krieg zu beseitigen. Und niemand will Krieg."

- Aber dennoch hat Kennedy, wenn ich mich richtig erinnere, Truppen von ungefähr 1500 Mann über die Zonenautobahn von Helmstedt aus nach Berlin geschickt.

*Egon Bahr:* Ja, das war das Ausnutzen seiner Rechte. Das war nicht ganz ohne Risiko, aber doch so gut wie ohne Risiko.

- War das für die Bevölkerung irgendwie ein Zeichen? Oder haben die Leute damals gesagt: "Ach, das hilft uns doch auch nicht!"?

*Egon Bahr:* Die Bevölkerung war begeistert und hat diese Kampftruppe von 1500 Mann begrüßt wie heimkehrende Söhne aus einem siegreichen Krieg. Damit war sozusagen die Stimmung erst einmal wieder hergestellt. Wir jedoch fühlten uns schrecklich alleingelassen, denn wir wussten: "Das wird nun sehr lange dauern!"

- Es gab also diesen Fakt der Teilung, d. h. es gab einen Status quo, mit dem man unterschiedlich umgehen konnte. Ich muss jetzt natürlich ansprechen, was in Tutzing im Jahr 1963 passiert ist. Damals gab es in der Evangelischen Akademie Tutzing eine große Konferenz, auf der Sie einen Beitrag geleistet haben. In diesem Beitrag gab es eine Formel, die dann zu einer Formel geworden ist, die bis heute ihre Wirkung zeigt, und dies nicht nur in Deutschland, sondern in der internationalen Politik. Das ist die Formel "Wandel durch Annäherung". Sie beinhaltet im ersten Schritt die Anerkennung des Status quo und in einem zweiten Schritt die Gesprächsbereitschaft, die Annäherung an denjenigen, von dem man etwas will. Was haben Sie sich damals eigentlich dabei gedacht? Haben Sie tatsächlich überhaupt so weit gedacht, was dabei herauskommen könnte? Oder war das zunächst einfach nur mal so ein verrückter Luftballon?

*Egon Bahr:* Nein, das war kein Luftballon. Es war einfach so, dass wir allein waren in Berlin und, weil uns ja keine Sau geholfen hat, anfangen mussten, uns etwas zu überlegen, wie wir die Mauer wieder wegbekommen können, wie wir sie in einem ersten Schritt wenigstens etwas durchlässiger machen könnten. Unser Plan war zu versuchen, ob wir nicht wenigstens für ein paar Stunden Leute aus dem Westen auf die andere Seite bringen konnten. Das heißt, es ging auch um die originären Rechte, darunter um die Möglichkeit, zum Beispiel kommunale Notsituationen regeln zu können. Auch die andere Seite war damit einverstanden, denn sie hat ja nicht ahnen können, was dabei alles herauskommen könnte. Wir selbst wussten das ja im Übrigen auch nicht. Also haben wir ein Tabu gebrochen und haben mit der anderen Seite – mit der DDR! – zum ersten Mal verhandelt.

- Die offiziell gar nicht anerkannt war durch die Bundesrepublik.

*Egon Bahr:* Natürlich nicht, denn die gab es ja angeblich gar nicht. Aber es gab sie eben doch. Das heißt, wir haben bei diesen Verhandlungen erreicht, dass die Westberliner Passierscheine bekamen und nach Ostberlin reinkamen. Die Lehre aus diesen

Verhandlungen für die Passierscheinregelung war: Wir müssen mit den Leuten reden, von denen wir etwas wollen. Die Evangelische Akademie Tutzing rief in dieser Zeit eines Tages bei mir an und sagte zu mir: "Wir wollen den Regierenden Bürgermeister einladen, er soll uns mal von seinem neuen Konzept für Außen- und Sicherheitspolitik erzählen, falls er Kanzler werden sollte." Ich sollte mich dann selbst für einen kleinen Diskussionsbeitrag vorbereiten. Diesen Beitrag habe ich dann diktiert, er stand unter dem Leitthema "Wandel durch Annäherung": Dabei wollte ich einen Punkt der fabelhaften Rede von Willy Brandt exemplifizieren. Leider ist die Rede von Willy Brandt weniger beachtet worden als mein etwas merkwürdiger Slogan.

- Es gab viele Reaktionen auf diesen Slogan, wie man heute in den Archiven nachlesen kann. Herbert Wehner nannte das "reinste Narretei".

*Egon Bahr:* Er nannte es "ba(h)ren Unsinn"!

- Marion Gräfin Dönhoff hingegen war ganz angetan davon: Mit ihr waren Sie bis zu ihrem Tod ja auch lange Jahre befreundet. Die Reaktionen waren also einerseits ziemlich harsch. War das so ein Moment, in dem Sie sich gedacht haben: "Jetzt schmeiße ich die Brocken hin!"?

*Egon Bahr:* Nein, das habe ich keine Sekunde lang gedacht, denn ich wurde ja sehr mutig vom Regierenden Bürgermeister Brandt gedeckt. Sonst wäre ich in der Tat wieder Journalist geworden, hätte mehr Geld verdient und weniger Ärger gehabt.

- Über Ihr Verhältnis zu Willy Brandt gibt es eine Aussage von Richard von Weizsäcker, die ich, um sie korrekt zu zitieren, ablesen muss: "Jeder von den beiden kam wohl erst mit der Hilfe des anderen zur wirksamen Entfaltung seiner eigenen Gaben." Es wuchs also etwas zusammen – wir kommen auch gleich zur Ostpolitik – zwischen Ihnen und Willy Brandt. Waren Sie Seelenverwandte? Waren Sie sich intellektuell nah? Konnten Sie sich austauschen miteinander? Hat da der eine dem anderen immer irgendwie weitergeholfen, ohne dass man das richtiggehend analysiert und ritualisiert hätte? Was für ein Verhältnis hatten Sie zu

Willy Brandt?

*Egon Bahr:* Dieses Verhältnis hat sich langsam und erst im Laufe der Zeit entwickelt.

- Sie waren auch per Sie.

*Egon Bahr:* Ja, wir waren lange per Sie und haben das "Sie" in der Öffentlichkeit auch weiterhin benutzt, weil Brandt der Auffassung war: "Der Staat gehört keiner Partei!" Und aus Respekt vor dem Staat war klar, dass die Formen zu wahren sind. Das war also das "Sie". Im Übrigen müssen Sie sich das so vorstellen: Wenn eine große Rede zu erstellen war, dann ging das Manuskript dazu immer wieder hin und her. Das heißt, jeder bekam so langsam eine Vorstellung vom Denken des anderen: Wir wuchsen langsam zusammen und überlegten schließlich gemeinsam. Das ging so weit, dass ich wusste, was er dachte, wenn er die Augenbrauen hob oder wenn er das Gesicht verzog oder wenn er den Kopf in einer bestimmten Weise bewegte. Da kannte ich mich aus. Aber umgekehrt war es natürlich genauso. Während der Verhandlungszeiten und auch danach wusste er, dass ich das Limit genau kannte: Ich wusste, wann ich zu ihm kommen musste, weil nur er entscheiden konnte. Das heißt, er war nach wie vor der entscheidende Mann und ich war eher für die Konzepte oder die Strukturen und das Denken darüber zuständig. Für mich war während dieser ganzen Zeit ein griechischer Ausdruck maßgebend, nämlich "Gnothi seauton".

- "Erkenne dich selbst".

*Egon Bahr:* Ich wusste, was ich kann, ich wusste, was ich nicht kann. Ich hatte überhaupt keinen Massen-Appeal wie Brandt. Und ohne Brandt wäre das alles nicht möglich gewesen.

- Drei Jahre nach der Tagung in Tutzing kam es zur Großen Koalition in Bonn und Brandt wurde Außenminister und Sie gingen in den dortigen Planungsstab und leiteten diesen. Ich habe in einem Ihrer Bücher diesbezüglich etwas gelesen, was mich doch sehr schockiert hat. Sie schreiben sinngemäß: "Wie steht es denn hier in diesem Amt mit den Vorlagen der früheren Regierung zur Frage der Wiedervereinigung?" Sie haben jedoch nichts vorgefunden, was das Thema "Wiedervereinigung" in konzeptioneller Hinsicht zum Gegenstand gehabt hätte.

*Egon Bahr:* Ja, da gab es diesbezüglich nur weißes Papier. Die Mitarbeiter sagten, das sei nicht ihr Bier.

- Für uns Außenstehende war und ist das natürlich völlig unverständlich, denn die Regierungen vorher haben doch das Wort von der Wiedervereinigung so oft im Munde geführt.

*Egon Bahr:* Ja, aber das haben sie auch weiterhin nur im Munde geführt. Sie dürfen eines nicht vergessen: Nachdem Kennedy in Berlin gewesen war und gesagt hatte, er sei ein Berliner, hat es keinerlei Aktion, keinerlei Demarche, keinerlei Vorschlag zur deutschen Einheit gegeben. Der Status quo war die Teilung der Stadt Berlin, die Teilung Deutschlands, die Teilung Europas: Das blieb alles, wie es war, und zwar unabhängig davon, dass vor uns alle Bundesregierungen immer wieder von der Wiedervereinigung gesprochen hatten. Henry Kissinger war dann ganz erfreut darüber, als ich ihm gesagt habe: "Wir werden das nicht mehr verlangen, sondern wir werden anfangen auszuloten, was man, unter Beachtung eurer Rechte, bei Verhandlungen mit der anderen Seite erreichen kann."

- Hat es denn nicht Misstrauen auf der amerikanischen Seite bzw. gerade bei Henry Kissinger hervorgerufen, wenn Sie gesagt haben: "Ich will mal mit denen reden"? Denn im Grunde genommen haben die USA doch für sich beansprucht, die große Ost-West-Politik zu machen.

*Egon Bahr:* Man konnte doch dem Regierenden Bürgermeister von Berlin, dem Verteidiger der Freiheit der Stadt, nicht in den Arm fallen. Also war man geneigt, ihm entgegenzukommen. Außerdem haben sie das doch gar nicht erst genommen, sie haben gedacht: "Wir haben doch den Bizeps! Und die Russen wissen, dass wir den Bizeps haben! Es kann also gar nichts passieren, wenn die da zu verhandeln anfangen." Und es hatte auch eine gewisse Komik, dass dieser nicht völlig souveräne "Halbstaat" der zweiten Supermacht, nämlich der Sowjetunion, den Verzicht auf Gewalt angeboten hat.

– Die Sowjets konnten ja im Grunde darüber lachen: "Ihr habt ja gar keine Gewalt, auf die ihr da verzichten wollt."
*Egon Bahr:* Eben.
– Ab wann war in Ihrer Konzeption klar, dass in der gesamten Ostpolitik eine Anerkennung der DDR als Staat – vorbehaltlich des "Briefes zur deutschen Einheit" – notwendig war, um überhaupt zuerst einmal eine vernünftige Verhandlungsbasis zu bekommen?
*Egon Bahr:* Nachdem wir im Planungsstab des Auswärtigen Amtes zwei große Papiere ausgearbeitet hatten, war von Anfang an klar, dass genau das das Ergebnis sein würde. Aber dieses Ergebnis, die Anerkennung der DDR als Staat, durfte natürlich nicht am Anfang der Verhandlungen stehen. Als wir dann später die erste Regierungserklärung von Brandt als Bundeskanzler vorbereiteten, hat Brandt in diese Regierungserklärung selbst hineingeschrieben: "Die DDR ist ein Staat – auch wenn sie nicht Ausland sein kann." Das empfand ich selbst als zu weitgehend, denn ich habe zu ihm gesagt: "Das kann doch nur das Ergebnis der Verhandlungen sein, das kann doch nicht gleich am Anfang stehen." Daraufhin hat dann aber Herr Scheel gesagt: "Wir sollten das so machen, wie der Bundeskanzler das will." Auch das ist ja interessant. Und es hat sich später herausgestellt, dass es exakt diese Formel gewesen ist, die in Moskau den Kreml veranlasst hat zu sagen: "Das wird interessant. Wenn die Bonner zum ersten Mal so etwas sagen, dann lohnt es sich, mit ihnen ernsthaft zu sprechen."
– Ihre Politik hat mir mal ein Mitschüler, als wir 1967 auf der Zonenautobahn durch die DDR fuhren, ganz einfach erklärt. Er hat auf einen Vogel gezeigt und zu mir gesagt: "Schau mal, da sitzt eine sogenannte Krähe." In diesem Moment wurde mir absolut klar, dass wir von einer Realität ausgehen mussten, was die DDR betraf. Ich habe das dann zum Anlass genommen, mich ausgiebig und lange mit Osteuropa und mit der DDR zu beschäftigen. Denn wir jungen Leute hatten alle das Gefühl: "Irgendetwas stimmt hier nicht, wenn immer nur von der sogenannten 'DDR' die Rede ist. Und Stillstand in dieser Frage kann einfach nicht die

Zukunft sein." Insofern haben Sie damals vor allem bei der jungen Generation sehr, sehr viel an Erwartungen ausgelöst. Die Große Koalition endete 1969, es kam eine andere Koalition, die sozialliberale, in der Brandt Bundeskanzler wurde. Sie haben dann mit sehr, sehr großen Schritten Dinge unternommen, die vorher keiner für möglich gehalten hat. Sie haben Kontakt mit der Sowjetunion aufgenommen, und zwar in einem Umfang und auch mit einer Zielvorstellung, bei denen sich viele fragten: "Werden wir nicht geschluckt von der Sowjetunion? Werden die uns nicht vorführen?" Wie viel Vertrauen in sich selbst hatten Sie denn, als Sie das erste Mal – ich glaube, das war 1970 – nach Moskau fuhren?

*Egon Bahr:* Zunächst einmal habe ich innerlich gezittert. Ich wusste ja nicht, ob es funktionieren würde, ob man diesen Riesentanker namens Sowjetunion dazu bewegen könnte, von Beschlüssen abzugehen, die das Politbüro und der Warschauer Vertrag gefasst hatten. Das betraf zum Beispiel den Punkt, dass es eigentlich keine Verhandlungen, keine Vereinbarungen mit Bonn geben könne, solange Bonn nicht die DDR völkerrechtlich anerkennt. Das konnten wir aber nicht, und das habe ich auch Herrn Gromyko gesagt: "Wenn Sie das wollen, dann muss ich wieder nach Hause fahren. Das können Sie nur mit Ihren drei westlichen Kollegen aushandeln. Ich kann das nicht, ich habe gar nicht die Kompetenz dafür. Und zweitens widerspricht das auch meiner Überzeugung. Drittens widerspricht es dem Auftrag meiner Verfassung, also meines Grundgesetzes, einen Zustand der Selbstbestimmung für Deutschland herbeizuführen." Das war also schon in gewisser Weise ein Ritt über den Bodensee. Ich hatte mir vorher gedacht: "Wenn ich zwei, drei Mal mit denen rede, dann weiß ich, ob das im Prinzip geht oder nicht geht." Aber nach drei Wochen wusste ich: "Das dauert länger!" Und es dauerte auch tatsächlich viel zu lange. Was Ihnen nachträglich, also aus heutiger Sicht, vorkommt, als sei es schnell gegangen, war für damalige Verhältnisse in der Tat schnell. Mir selbst jedoch schien das unendlich lange zu dauern.

– Sie hatten in diesen Jahren damals eine Begegnung mit einem Mann, der heute bei uns in der Geschichtsschreibung keine große Rolle mehr spielt, nämlich mit Alexej Kossygin, dem damaligen Ministerpräsidenten der Sowjetunion. Sie haben zuerst einmal zu Gromyko gute Beziehungen aufgebaut und dann auch zu Kossygin – und letztlich auch zu Breschnew. Wenn ich mich richtig erinnere, war es damals so, dass Sie Kossygin hat auflaufen lassen: Zumindest hatte ich diesen Eindruck. Was hat er denn am Schluss von Ihnen gewollt? Hat er sich für dieses Thema überhaupt nicht interessiert? Oder hatten Sie das Gefühl, dass in der Sowjetunion die Macht anders verteilt sei und dieser Ministerpräsident ja ohnehin nichts zu sagen habe?

*Egon Bahr:* Kossygin war Ministerpräsident, genauer gesagt, er war Vorsitzender des Ministerrats, wie das bei denen hieß. Er war vom Politbüro damit beauftragt worden, diesem merkwürdigen Staatssekretär aus Bonn mal auf den Zahn zu fühlen. Denn das, was ihnen Gromyko berichtet hatte, reichte ihnen nicht. Gromyko war damals nämlich noch nicht Mitglied des Politbüros. Also hat er mich empfangen. Das hat übrigens den Ulbricht schrecklich nervös gemacht: "Wie kommt die Sowjetunion dazu, den Vorsitzenden des Ministerrats dazu zu ermächtigen, mit diesem kleinen Staatssekretär zu sprechen?" Ich kam also zu ihm rein, er gab mir die Hand, setzte sich wieder hin und sagte zu mir: "Ich höre?"

– Das heißt, er hat Ihnen keine Frage gestellt.

*Egon Bahr:* Ja, das war schrecklich. Ich habe dann zehn Minuten lang gesprochen. Dabei habe ich bei ihm keinerlei Zucken im Mundwinkel beobachten können, keine Veränderung in seinen Augen – nichts. Er blieb einfach still. Ich habe dann ein bisschen stärker aufgedreht und wurde fast schon ein wenig provokativ, bis er die eine oder andere Frage gestellt hat, die ich dann beantwortet habe. Das war wirklich die unangenehmste Situation meines Lebens. So, und dann war er fertig mit mir. Ob er zufrieden war, weiß ich nicht, aber er hat jedenfalls gesagt: "Haben Sie noch einen Wunsch?" Daraufhin habe ich ihm gesagt: "Ich möchte die

Ausreisegenehmigung für eine Reihe Deutschstämmiger aus der Sowjetunion in die Bundesrepublik." Er fragte mich: "Wie viele?" Ich antwortete ihm: "116."

- Hatten Sie denn bereits eine Liste mitgenommen?

*Egon Bahr:* Nein, nein! Ich habe diese Zahl 116 genannt und bin dann hinterher in die Botschaft gegangen und habe dort gesagt: "Ich möchte 116 Deutschstämmige, die in die Bundesrepublik ausreisen wollen, und zwar Alte und Kinder. Geben Sie mir die aussichtslosen Fälle." Ich bekam dann die Antwort: "Das nützt doch gar nichts, das haben wir doch schon alles versucht." Ich insistierte jedoch: "Ich will diese Liste haben!" Kossygin hatte zu mir gesagt, ich solle diese Liste Herrn Falin übergeben. Beim Abflug habe ich dann diese Liste Falin gegeben. Als ich 14 Tage später wiederkam, habe ich 116 Menschen im Garten unserer Botschaft vorgefunden. Das war toll.

- Die Ausreise von deutschstämmigen Bürgern aus der Sowjetunion war ja immer ein großes Thema. Oft war das auch ein Gradmesser für die Art der Beziehung zur Sowjetunion. Insofern war das doch ein tolles Zugeständnis, dass Sie so etwas erreichen konnten. Wie sahen denn damals die Wege der Kommunikation aus? Sie haben in Ihren Büchern öfter den Begriff "Back Channel" erwähnt, also so eine Art "Geheimkanal". Wie muss ich mir das heute vorstellen? Sind das Kanäle, die neben den offiziellen Kanälen des Außenministeriums irgendwie, irgendwo auf Vertrauensbasis entstanden waren? Können Sie das Geheimnis dieses "Back Channel" mal ein bisschen lüften? Diese Kanäle haben Sie ja wohl nach allen Seiten benutzt, sowohl in die USA wie auch in die Sowjetunion hinein.

*Egon Bahr:* Ich habe das System der Back Channels von Henry Kissinger gelernt und übernommen. Nachdem ich insistiert hatte, dass wir das mit dieser neuen Ostpolitik machen werden, hatte er mir nämlich erzählt, dass er einen solchen Back Channel in den Kreml habe: am Außenministerium vorbei und hierhin und dorthin ins Zentrum der Macht. So ein Kanal dient der Vertrauensbildung, d. h. er funktionierte zwischen den führenden Persönlichkeiten direkt, um Vertrauen zu erwerben: "Alles, was man sagt, stimmt. Alles was man wünscht, sagt man. Alles, was der andere nicht akzeptieren kann, sagt dieser auch." Ich habe zu Kissinger gesagt: Wenn wir es schaffen sollten, mit der Sowjetunion einen solchen vertraulichen Meinungsaustausch zu bekommen, dann werde ich ihm das mitteilen. Das heißt, wir hatten ein System von Back Channels zwischen dem Kreml, zwischen dem Weißen Haus und dem Palais Schaumburg in Bonn.

- Da müssen doch alle Geheimdienste eifersüchtig gewesen sein?

*Egon Bahr:* Mag sein, gefallen hat das denen sowieso nicht. Aber es hat funktioniert. Wir haben das gesamte Viermächteabkommen für Berlin auf diesem Wege zustande gebracht. Da gab es Valentin Falin, der durch Breschnew beauftragt war, den amerikanischen Botschafter Ken Rush, der von Kissinger beauftragt war, und Egon Bahr, der durch Brandt beauftragt war. Wir drei haben das alleine durchgesprochen, also ohne die Franzosen, ohne die Engländer und ohne die DDR. Aber es hat funktioniert und ich bin überzeugt davon, dass es dieses System auch heute noch gibt.

- Valentin Falin spielte ja als "Germanist", wie er in der Politiksprache der Russen genannt wird, eine große Rolle, vor allem als Botschafter in der Bundesrepublik und später dann auch in der Sowjetunion selbst. Entstanden dabei am Ende auch persönliche Beziehungen oder ist man doch immer in einer gewissen Distanz geblieben, weil man sagte, dass der andere ja doch immer nur die andere Seite vertreten könne?

*Egon Bahr:* Auch das war eine Entwicklung. Wir haben, wie gesagt, zu dritt angefangen: Ken Rush, Valentin Falin und ich. Die deutschen Sprachkenntnisse von Ken Rush waren begrenzt und sein Russisch war ungefähr so wie mein Russisch, nämlich annähernd null. Falin wiederum konnte nicht perfekt Englisch, aber fast perfekt Deutsch. Wir waren bei unseren Gesprächen sehr auf den Erfolg ausgerichtet und haben daher genau aufgepasst, kein Wort zu benutzen, das dem anderen oder einem der beiden anderen zu Hause Schwierigkeiten bereiten würde. Das hat zu einer persönlichen Vertrauensbasis geführt, sodass wir uns relativ schnell mit Vornamen ansprachen, und zwar nicht mit den "englischen" Vornamen, sondern mit dem deutschen "du". Ja, das hat dann zu wirklichen Freundschaften geführt.

- Nach diesen großen Verträgen – der Vertrag mit Polen spielte hier ja auch eine wichtige Rolle, wobei ich aber den Eindruck hatte, dass Willy Brandt und Polen nie wirklich warm geworden sind miteinander – kam es in der weiteren Folge zum Grundlagenvertrag, der für die Beziehung zwischen den beiden deutschen Staaten sehr wichtig gewesen ist. Sie hatten damals als Partner aufseiten der DDR Michael Kohl. War denn auf der innerdeutschen Ebene zwischen den beiden deutschen Verhandlungsführern ein ähnliches Verhältnis herstellbar, wie Sie das soeben von Falin und Rush beschrieben haben?

*Egon Bahr:* Selbstverständlich war das zunächst einmal völlig verkrampft. Und selbstverständlich kam es so langsam zu einem Verhältnis der Vertrautheit. Keiner hat versucht, den anderen zu betrügen, das wäre übrigens auch nur einmal möglich gewesen. Außerdem war es so, dass das Ganze in großer zeitlicher Dichte ablief, d. h. ich traf mich sehr, sehr oft mit Herrn Kohl, auch "Rot-Kohl" genannt, um Verwechslungen mit Helmut Kohl zu vermeiden.

- Damals gab es eben Rot-Kohl und Schwarz-Kohl.

*Egon Bahr:* Jawohl. Nachdem ich auch schon die Nierensteine seiner Frau kannte, habe ich eines Tages zu ihm gesagt: "Im Übrigen ist der Kommunismus unweigerlich zum Untergang verdammt." Das fand er unerhört und wollte natürlich wissen, warum. "Das kann ich beweisen", habe ich gesagt: "Wenn ich Thukydides und Sophokles usw. heute noch lesen und verstehen kann, heißt das, die Struktur des Menschen hat sich nicht verändert, als ob es Jesus Christus nie gegeben hätte. Sollte ich mich darin irren, werde ich mich dafür in 500 Jahren entschuldigen." Solche Dialoge führten wir also auch, und er konnte nicht einmal widersprechen.

Egon Bahr

- Hatte denn in Ihrer Vorstellungswelt eine Vereinigung der beiden deutschen Staaten als Endziel überhaupt Platz? Ich schildere mal meine Situation als Mitglied der jüngeren Generation damals: Ich ging immer davon aus, dass es nicht mehr zu einer Wiedervereinigung kommen wird. Ich habe ja lange in Moskau gearbeitet und viele sowjetische Gesprächspartner sagten dabei zu mir: "Wir als Sowjetbürger müssen so denken! Aber du als Deutscher darfst doch nie dieses Ziel der Vereinigung aufgeben." Ich empfand das aber als sehr befremdlich, denn ich hatte mich bereits abgefunden damit. So waren wir ja schon groß geworden. Hatten Sie selbst die Vorstellung, in Ihrer Lebenszeit noch mit der Wiedervereinigung rechnen zu können?

*Egon Bahr:* Ich habe während meines ganzen politischen Lebens immer geglaubt, dass Deutschland vereinigt werden würde. Ich habe daran auch geglaubt, als de Gaulle vom "großen deutschen Volk" sprach, ich habe gehofft, ohne im Einzelnen zu wissen, wie und wann es passieren wird, dass Deutschland wieder eine Einheit werden würde. Ich habe am Vorabend der Unterzeichnung des Moskauer Vertrags privat bei einem meiner russischen Freunde gesessen. Er hat zu mir gesagt: "Ich weiß nicht, ob es je die deutsche Einheit geben wird, aber wenn, dann werden Sie morgen dafür den ersten Schritt tun." Ich war also ganz sicher, dass es die Einheit geben würde, ich war aber in der Mitte der 80er Jahre auch ganz sicher, dass ich sie nicht mehr erleben werde. Und bin daher wie alle anderen auch am 9. November 1989 überrascht worden!

- Als es so weit war, war ja nicht mehr die SPD – die mit dieser Ostpolitik, mit dem Grundlagenvertrag usw. das Fundament für diese Entwicklung gelegt hatte – an der Macht, sondern Helmut Kohl. Löst es bei Ihnen im Nachhinein Verständnis aus, dass er ganz energisch danach gegriffen hat? Oder fühlen Sie ein wenig Enttäuschung oder auch Bitterkeit, dass dann sozusagen der innenpolitische Gegner diesen Erfolg der Vereinigung verbuchen konnte? Oder war das ein solch gesamtdeutsches Ereignis, dass man gesagt hat: "Wir haben davon alle profitiert!"?

*Egon Bahr:* Das war und ist ein gemischtes Gefühl. Auf der einen Seite war es in der Tat so, dass Helmut Kohl geerntet hat, wo er nicht gesät hatte. Auf der anderen Seite hat er aber recht behalten: Entscheidend ist, was hinten rauskommt!
- Und das ist jetzt die deutsche Vereinigung.
*Egon Bahr:* Richtig.
- Herr Bahr, Sie haben ein sehr reichhaltiges Leben geführt und ich weiß, dass Sie außerordentlich ungern über die private Seite Ihres Lebens sprechen. Ich will diesbezüglich auch nicht zu aufdringlich sein. Aber Sie hätten ja theoretisch auch Musiker werden können, d. h. Sie haben ein ausgeprägt inniges Verhältnis zur Musik.
*Egon Bahr:* Ja, ich hatte ursprünglich Musik studieren wollen – aber der "Führer" wollte das nicht.
- Das heißt, dahin führte kein Weg: Sie hatten eine Mutter jüdischer Abstammung und deswegen gab es für Sie im Dritten Reich keine Möglichkeiten, da weiterzukommen. Eine andere private Seite bei Ihnen hat, wie ich erfahren habe, mit Schiffen zu tun. Stimmt es, dass Sie gerne auf Frachtschiffen um die Welt gefahren sind?
*Egon Bahr:* Um die Welt ist falsch, aber ich habe Frachtschiffreisen gemacht. Erstens brauchte man dabei keine Krawatte und zweitens war das auch deswegen sehr angenehm, weil man mit allen anderen zusammen, die darauf leben und dazugehören, Herr dieses Schiffs ist. Wir haben damals Kohle und Erz und Bananen geholt aus Afrika und aus Zentralamerika. Heute wäre es schwieriger für mich, so eine Reise zu machen: Wenn man über 80 ist, müsste man einen Arzt an Bord haben. Aber wegen eines zusätzlichen Passagiers in dem Alter nimmt natürlich kein Frachtschiff einen Arzt mit.
- Das heißt, zwischen dem 80. und dem 100. Lebensjahr macht man dann solche Frachtschiffreisen nicht mehr.
*Egon Bahr:* Ja, da begibt man sich eher auf kleinere Schiffe, die die Flüsse entlang fahren. Es gibt da wirklich tolle Flussreisen: zum Beispiel den ganzen Jenissei entlang oder man kann in Mos-

kau starten und dann die ganze Wolga runter fahren. Das haben wir in der Tat auch schon gemacht.

- Wenn Sie heute zurückblicken – nach jüngsten biologischen Erkenntnissen haben Sie jetzt die Hälfte Ihres Lebens hinter sich, denn demnächst werden Sie 90 Jahre alt –, gibt es da etwas, von dem Sie sagen, dass Sie das noch gerne erleben würden, von dem Sie sagen, "dafür würde ich gerne noch weitere 100 Jahre aufwenden, um das in der Politik mitzubekommen!"?

*Egon Bahr:* Ich möchte noch gesamteuropäische Sicherheitsstrukturen erleben. Das geht aber nur mit dem heutigen Russland. Die Vorstellungen, die wir 1968/69 im Planungsstab entwickelt haben, sind leider bis heute noch nicht durchgeführt worden. Das würde ich gerne noch erleben.

- Sie haben lange an diesen Sicherheitsstrukturen gearbeitet, denn das war sozusagen die zweite große Karriere in Ihrem Leben. Sie bräuchten praktisch noch einmal ein volles Leben, um Europa in diese europäischen Sicherheitsstrukturen überführen zu können. Ich wünschte mir, dass Ihnen diese Zeit noch zur Verfügung stünde. Andererseits verstehe ich aber auch, dass Sie jetzt die nächsten Jahrzehnte genießen, um ganz zu privatisieren.

# Prof. Dr. Hans Maier

Politikwissenschaftler,
Bayerischer Staatsminister a. D. [6]

- Herzlich willkommen zum heutigen alpha-Forum, und zwar mit dem bekennenden Politikwissenschaftler, dem bekennenden Bildungspolitiker, dem bekennenden Katholiken und dem bekennenden Familienvater Professor Hans Maier. Herr Professor Maier, Sie blicken auf acht Lebensjahrzehnte zurück und lassen die Öffentlichkeit nun an Ihrem Leben teilnehmen, denn es gibt seit Kurzem – und in allen großen Zeitungen Deutschlands bereits viel besprochen – Ihre Autobiografie mit einem doch sehr interessanten Titel: "Böse Jahre, gute Jahre. Ein Leben 1931 ff." Nun habe ich dieses Buch von vorne bis hinten durchgelesen, Seite um Seite, dann bin ich allerdings wieder von hinten nach vorne gegangen, um mich für diese Sendung vorzubereiten. Hängen geblieben bin ich auf der letzten Seite. Sie machen sich zur Kunst des Sterbens, zur "ars moriendi" Gedanken und zitieren dann eine Ihrer Töchter. Dieses Zitat hätte ich gerne von Ihnen zum Auftakt kommentiert. Ihre Tochter sagte einmal beim Essen: "Es ist ganz einfach, der Papa möchte in die Geschichte eingehen, die Mama in den Himmel." Waren das wirklich die Rollen in Ihrer Familie? Waren das Ihre Rollen im Leben?
*Hans Maier:* Ich bin natürlich nur eine winzige Fußnote in der bayerischen und in der deutschen Geschichte, aber auf diese paar Zeilen kommt es mir an, das gebe ich zu. Ich denke, am Ende wird

---
[6] Erstausstrahlung am 20.06.2011

man beides versöhnen können: ein klein wenig Geschichte und viel, viel Himmel.

- Bleiben wir noch einen Moment bei der Familie: Sie sind mit Nachwuchs reich gesegnet, denn Sie haben sechs Töchter, die sehr unterschiedlich sind. Sie haben in Ihrem Buch etwas Ungewöhnliches getan, denn Sie haben Ihre Töchter gebeten, etwas über den Vater zu schreiben. Und Sie haben dann vieles davon veröffentlicht. Waren die Töchter damit einverstanden? Denn es ist ja doch etwas anderes, ob Töchter über den Vater schreiben oder ob ein Journalist über einen Politiker schreibt.

*Hans Maier:* Ich habe mir immer wieder überlegt, wie man die Familie mit einbeziehen kann in diesen Lebensbericht. Meine Töchter und ich sind dann im Gespräch auf diese Idee gekommen, denn sie haben gesagt: "Ach, wir erzählen einfach mal, wie es uns damals in der Schule ergangen ist, als der Papa Kultusminister war."

- Den Töchtern ging es damit ja nicht so gut.

*Hans Maier:* Ja, die meisten von ihnen kommen zu dem Ergebnis, dass das keine Vorteile, sondern eher Nachteile gebracht hat. Wir, die Eltern, haben die Kinder auch immer ermutigt: "Nehmt euch um Gottes willen keine Sonderrechte heraus! Macht euch eher kleiner als die anderen!" Das haben sie dann auch so gemacht. Aber die Älteste hat sich doch immerhin mal ziemlich frech benommen. Der Schuldirektor wagte es dann doch nicht, ihr einen Verweis zu geben. Bei der zweiten Tochter war es ähnlich. Ich empfinde es als ganz erfrischend, wie sie frisch von der Leber weg erzählen, wie es ihnen ergangen ist in dieser Zeit. Dadurch ist die Familie also mit drin in diesem Buch. Wie ich meine Frau kennenlernte, habe ich ja ebenfalls beschrieben. Aber ich wollte in Bezug auf die Kinder eben nicht irgendwie aus dem Hintergrund belehrend über sie erzählen. Denn das können sie selbst viel besser.

- Deshalb habe ich mir vorhin in meiner Begrüßung ja auch erlaubt, Sie als bekennenden Vater zu bezeichnen. Jetzt aber würde ich gerne sehr weit zurück in Ihre Jugend gehen. Denn ich unterstelle, dass Sie jetzt eigentlich auch auf meinem Platz sitzen könnten, weil Sie nämlich auch sehr gut hätten Journalist werden können. Sie haben sehr früh beim Radio begonnen, nämlich beim Südwestfunk, haben für den "Fährmann" geschrieben. Was war in Ihrer Jugend, also noch vor Ihrer Studienzeit, der Antrieb, bereits so früh publizistisch aktiv zu werden?

*Hans Maier:* Das Buch trägt ja den Titel "Böse Jahre, gute Jahre". Die bösen Jahre haben eine doppelte Bedeutung, nämlich einmal in familiärer Hinsicht, denn in dem Jahr, in dem ich geboren bin, starb mein älterer Bruder bei einem Unfall und in dem Jahr darauf verstarb mein Vater. Das heißt, das waren für meine Mutter, die vom Land kommend in die Stadt geheiratet hatte, um dort ihr kleines Glück zu suchen, böse, schlimme Jahre. Zweitens sind damit die Jahre 1933 und folgende gemeint, nämlich die Nazizeit. Aber was hat mich zum Schreiben gebracht? Einmal Lust und Laune. Und nach dem Krieg gab es da eben diese Jugendzeitschriften. In München gab es den "Pinguin", der von Erich Kästner geleitet worden ist. In Freiburg hat es den "Fährmann" gegeben; das war die führende katholische Jugendzeitschrift. Dort konnte ich meinen allerersten Artikel platzieren: Das muss irgendwann in den Jahren 1947 oder 1948 gewesen sein, und zwar über Hemingways Buch "Wem die Stunde schlägt", ein Buch meiner Kindheit. Nach dem Abitur hat es für mich eigentlich zwei Wege gegeben: entweder Musik, und hier vor allem Kirchenmusik, denn ich hatte ja schon sehr früh angefangen Orgel zu spielen, oder Journalismus. Ich habe übrigens eine journalistische Schnupperlehre gemacht, und die sogar zusammen mit Günther Gillessen und Günter Gaus, bei der "Badischen Zeitung", nämlich beim alten grimmigen Oskar Stark, dem letzten Chefredakteur der "Frankfurter Zeitung" vor ihrem Verbot im Jahr 1943. Er hat uns damals den Unterschied zwischen Meldung und Meinung förmlich eingebläut.

- Das war ja etwas, was wir hier in Deutschland nach dem Krieg erst wieder lernen mussten.

*Hans Maier:* Ja, das stimmt. Er hat mir einen Begriff von Journalismus und Publizistik vermittelt, der sehr hoch angesiedelt war - gemessen an dem, was heute so üblich ist.

- Sie haben ein reiches publizistisches Werk vorgelegt, denn es sind wohl so um die 600 Titel wissenschaftlicher und sonstiger Art, die Sie geschrieben haben. Ist in dieser Liste eigentlich auch Ihre erste Publikation enthalten, die ich in Ihrem Buch entdeckt habe und die im Jahr 1945 auf Japanisch erschienen ist? Das war ja eine ganz eigenartige Sache.

*Hans Maier:* Das war so: Meine älteste Schwester war verheiratet mit einem Herder- Zögling. Das Wort "Zögling" muss man in diesem Zusammenhang kurz erklären, denn das waren die künftigen Buchhändler, die wirklich in einem Zöglingsheim erzogen wurden. Meine Schwester war ebenfalls Sekretärin und Buchhändlerin. Sie heirateten im Jahr 1938 und sind dann, was damals erstaunlich war, nach Japan gegangen, um dort die japanische Filiale des Herder Verlags in Tokio zu begründen. Wir wurden dann aber getrennt, denn nach dem Angriff der Japaner auf Pearl Harbor gab es für uns keine Verbindung nach Japan mehr. Erst nach dem Krieg haben wir mit ihnen über unsere amerikanischen Verwandten Verbindung aufnehmen können; das waren die Geschwister meiner Mutter, die in der Inflationszeit nach Amerika ausgewandert waren. Ich nutzte diese Verbindung und schrieb einen langen, langen Brief über die letzten Kriegsjahre in Freiburg, über die Besetzung durch die Franzosen, über die erste Nachkriegszeit. Dieser Brief kam auch tatsächlich in Japan an – über die USA. Meine Schwester gab ihn Professor Roggendorf, das war der Chef der Sophia-Universität in Tokio, einem Kölner Jesuiten. Er hat ihn sofort übersetzt und gedruckt in seiner Zeitschrift. Deswegen ist das in der Tat meine älteste Publikation, ganz ohne Absicht und für mich leider nicht lesbar, weil sie eben in japanischer Sprache gedruckt ist. Ich weiß nur, dass man sie von hinten nach vorne lesen muss.

- Sie sind in einer Familie aufgewachsen, von der Sie selbst immer sagen, dass es in ihr keine Nazis gegeben hat – was für Sie als Kind ein großes Glück gewesen ist. Es gab in Ihrer Familie aber auch keine Akademiker. Die Familiengeschichte hat also sozusagen eine starke Bodenhaftung. Wie ist es bei Ihnen zu Ihrer gymnasialen Ausbildung gekommen, die dann ja in die Wissenschaft geführt hat? Wer hat Sie überhaupt in diese Richtung gebracht? Wer war der Förderer hinter diesem Gedanken, "in diesem Jungen steckt etwas, aus dem kann etwas werden"?

*Hans Maier:* Das war ein Lehrer in der zweiten Volksschulklasse, übrigens ein Bayer mit dem Namen Rothenberger. Er fuhr einen BMW, was für die damalige Zeit sehr selten und erstaunlich war. Von ihm wurde ich immer wieder einmal als kleiner Hilfslehrer für diejenigen eingesetzt, die noch nicht lesen und schreiben konnten, die also mit Mühe nachgezogen werden mussten. Er hat eines Tages ganz gezielt meine Mutter besucht, d. h. er ist die vier Stockwerke hinaufgestiegen in der Oberau 79 in Freiburg und sagte zu ihr: "Ihr Bub muss unbedingt aufs Gymnasium gehen, er ist ganz begabt!" Es gab damals aber noch eine Konkurrenz zum Gymnasium, denn diese Zeit war ja immer noch die Nazizeit. Es kam nämlich eines Tages noch jemand zu Besuch. Ich hatte ganz gute Noten in der Schule und diese Person wollte mich für die Napola gewinnen, also für die Nationalpolitische Erziehungsanstalt auf diesen Ordensburgen der Nazis. Meine Mutter, ich kann sie nur bewundern dafür, hat ihn in einem langen Gespräch abgewimmelt und davon abgebracht, d. h. er musste unverrichteter Dinge wieder abziehen. Ich habe nie meine Mutter mehr bewundert als in diesem Augenblick.

- Das Studium hat Sie zuerst einmal in Freiburg festgehalten. In der Recherche bin ich dabei auf eine Sache gestoßen, über die ich wirklich sehr erstaunt war. Hans Maier, der spätere Kultusminister, war einst als Student ein Demonstrant! Ich zitiere aus Ihrem Buch: "Es war meine erste Demonstration und ich war stolz, dass ich Erfolg hatte." Warum haben Sie damals demonstriert?

*Hans Maier:* Es ging um den Film "Hanna Amon". Dieser Film war wohl harmlos, sentimental, ein ganz gewöhnlicher Film.

Aber der Regisseur dieses Films war Veit Harlan und Veit Harlan hatte im Dritten Reich den Hetzfilm "Jud Süß" gedreht ...

- ... auch "Kolberg" ...

*Hans Maier:* Ja, auch "Kolberg", diesen Durchhaltefilm. Wir, so um die 100 Studenten, sind damals wegen Veit Harlans neuem Film in Freiburg auf die Straße gegangen. Es kam dabei auch zu Gegendemonstrationen, denn der Bruder von Veit Harlan war ein hoch geachteter Musikprofessor an der Musikhochschule und Bass-Solist. Die Polizei hat dann beide Demonstrationen aufgelöst. Aber dieser Film wurde dann immerhin zurückgezogen, d. h. er lief nur einen Tag und dann nicht mehr. Das war meine erste Demonstration.

- Ihr erster Erfolg als studentischer Demonstrant. Es gibt große Lebensthemen, die Sie in Ihrem Buch beschreiben. Das eine spannende Thema dreht sich um "Kirche und Revolution", "Kirche und Demokratie" und "Kirche und Moderne". Vorab eine Frage, die ich mir in Anbetracht Ihres Lebens immer wieder gestellt habe: Warum haben Sie eigentlich nicht Theologie studiert? Denn das wäre für mich bei Ihrem Lebensweg, aufgrund Ihres starken Engagements für kirchliche Fragen doch fast genauso naheliegend gewesen.

*Hans Maier:* Richtig. Wir hatten eine Studentin bei uns zu Hause, denn meine Mutter hat nach dem Tod des Vaters immer Zimmer vermietet an Studenten. Diese Studentin Hilde Kirschner – sie war die letzte Untermieterin vor der Zerstörung Freiburgs Ende 1944 – sagte immer etwas spöttisch zu mir, denn sie kannte mich eben als ganz jungen Mann: "Nein, wenn du Priester werden würdest, dann wäre die katholische Kirche aber betrogen!" Das war sicher übertrieben, aber sie kannte eben doch meine etwas mehr weltliche Art sehr gut. Ich habe der Kirche freilich immer gedient, zuerst als Ministrant, dann als Organist und viel später zum Beispiel im Zentralkomitee der deutschen Katholiken. Ich stehe ihr nahe, ich liebe sie, ich leide mit ihr, aber Priester wollte ich dann doch nicht werden, denn ich wollte immer heiraten und Kinder haben. Und das ist mir ja zum Glück auch so geschenkt worden.

- Das Verhältnis der Laien zur Kirche und auch zur kirchlichen Hierarchie hat ihr ganzes Leben als Thema begleitet, bis hin zu Dingen, die ich bei Ihnen als durchaus kritische Infragestellungen kirchlicher Hierarchieformen verstehe: Wie weit sollen die Laien mitsprechen in der Kirche? Wie weit sind die Laien nur "Befehlsempfänger" der geistlichen Hierarchie? Das ist, wie ich glaube, ein Thema, das bei Ihnen immer wieder auftaucht.

*Hans Maier:* In meiner Jugend war das alles ganz klar: Die Laien waren wirklich Laien. Dieses Wort hat ja von Haus aus etwas Abschätziges. Ein Laienchor ist eben kein professioneller Chor, eine Laienspielschar erreicht nicht das Niveau von geschulten Schauspielern. Aber wir haben dann in den 60er Jahren im Zweiten Vatikanischen Konzil erlebt, dass die Laien aufgewertet wurden. Plötzlich wurde entdeckt, dass sie ja mit den Priestern, mit den Bischöfen, mit dem Papst eines gemeinsam hatten, nämlich die Taufe, und dass diese elementare Gemeinsamkeit – man könnte lutherisch auch vom allgemeinen Priestertum der Gläubigen sprechen – doch alle miteinander verbinden muss und dass es nicht geht, dass sich die einen über die anderen erheben. Ämter und Dienste in der Kirche müssen sein, auch Hierarchie muss sein, aber es wird nie das Bewusstsein dafür verloren gehen, dass alle die Taufe empfangen haben und dass eigentlich alle dazu beauftragt sind, die Kirche zu repräsentieren und zu verteidigen, wo es nottut. In der heutigen Zeit ist das sogar besonders wichtig. Die Kirche, das ist in der Tat ein Thema meiner Arbeit gewesen, ist selbst keine Demokratie: Sie ist eine Hierarchie. Aber sie lebt in einer demokratischen Umwelt und sie muss daher auch einiges von dieser demokratischen Umwelt annehmen. Das bedeutet vor allem, dass sich alle Gläubigen achten müssen, und zwar ungeachtet ihrer Meinungen, ihrer Einstellungen, ihrer sehr verschiedenen Auffassungen. In der Politik haben wir das gelernt, denn dort war es früher ja auch so gewesen, dass nur die einen etwas galten und die anderen nichts. In der Nazizeit war das der Führer und die

Partei, während sich die anderen bedingungslos anzupassen hatten. Die lange Nachkriegszeit aber hat uns in der Politik doch in die Demokratie hineingeführt, und zwar so hineingeführt, dass wir heute genau wissen: Es gibt in der Demokratie Konflikte und diese Konflikte müssen gelöst werden, im Zweifelsfall mit dem Mehrheitsprinzip. Es gibt aber auch einen allgemeinen, alle verbindenden Konsens. Dieser Konsens ist in der Verfassung niedergelegt. Deswegen darf man beides nicht unterdrücken: Wenn man Konflikte unterdrückt, dann vergiftet man die Gesellschaft, wenn man jedoch den Konsens vergisst, dann verliert man die Grundlage, auf der Konflikte gelöst werden können.

- Sie haben diese Bruchstelle, die Deutschland überwinden musste, soeben selbst angesprochen: Ich meine diesen historischen Übergang von der Nazizeit zur Demokratie. Aus diesem Grund komme ich direkt auf eine Person zu sprechen, die in Ihrem Buch durchaus eine Rolle spielt, nämlich der große Philosoph Martin Heidegger, der aber zu Beginn der 30er Jahre auch gleichzeitig seine Ehrerbietung gegenüber der Naziideologie erbracht hat. Nach dem Krieg bekam er wieder die Lehrerlaubnis, da er als "Mitläufer" eingestuft worden war. Es gibt bei Ihnen ein Zitat in diesem Zusammenhang, das mich zutiefst bewegt hat. Sie schreiben in Bezug auf Heidegger und im Vergleich mit Ihrem nicht akademisch gebildeten Großvater: "Aus der Berührung mit der Person und dem Weg Martin Heideggers rührt mein abgrundtiefes, lebenslang anhaltendes Misstrauen gegen die politische Urteilskraft von Intellektuellen und Gelehrten." Gilt das nach wie vor?

*Hans Maier:* Ja, das ist eine Lebenserfahrung von mir. Natürlich ist es etwas kühn, wenn man sich über einen der größten Philosophen des 20. Jahrhunderts so äußert, aber mein Großvater, der 1933 von den Nazis als Dorfbürgermeister abgesetzt und 1945 von den Franzosen wieder eingesetzt worden ist, war nach dem frühen Tod meines Vaters doch so etwas wie mein politischer Erzieher – und überhaupt für mich ein Leitstern. An Gesprächen mit ihm über Politik erinnere ich mich gerne und ich fürchte, ich hätte mit Heidegger nie ein solches Gespräch führen können, weil er verblendet war: Er war bei all seiner Größe verblendet über die praktische Politik. Über Hitler hat er ja nur schwärmerisch geredet: "Ein Mann, der solche Hände hat, der kann ein Volk führen." Diesen Ausspruch gibt es von ihm wirklich! Es ist interessant, dass er dann nach dem Krieg einen geistig-seelischen Zusammenbruch hatte, sich zu Psychologen geflüchtet hat. Aber er hat nie wirklich die Vergangenheit bewältigt, er hat nie darüber gesprochen. Das war in meinen Augen ein Manko, ein Mangel. Hätte er sich zu seinem Irrtum bekannt, er hätte damals in unseren Augen, in den Augen der jungen Studenten, die ihm gebannt zugehört haben, sicherlich gewonnen, sogar gewaltig gewonnen. So aber blieb er doch ein wenig verstockt in der Vergangenheit stehen.

- Als junger Student bzw. als fertiger Jungakademiker haben Sie einen Schritt gemacht, der aus meiner Sicht damals recht ungewöhnlich war. Sie sind nämlich nach Frankreich, nach Paris gegangen. Sie sind damit doch wahrscheinlich in ein Frankreich gekommen, das noch geprägt war durch ein Deutschlandbild aus der Nazizeit, aus der Kriegszeit. Haben Sie Aversionen gespürt, als Sie dort beim Studium waren? Oder haben Sie den Umgang als ganz natürlich empfunden und haben für sich in Frankreich auch eine natürliche Integration erlebt?

*Hans Maier:* Ich war erstaunt, dass ich da nie als Deutscher betrachtet und angegangen worden bin. Wir haben immer sachlich mit den gleichaltrigen Studenten gesprochen. Es gab eigentlich keine Probleme. Damals war Frankreich noch mitten in der Nachkriegszeit, die politische Situation war sehr unruhig: Die Vierte Republik ist dann ja auch 1958 zugrunde gegangen und de Gaulle kam wieder an die Regierung. Ich habe de Gaulle ein paarmal aus der Nähe gesehen in Paris: einmal gemeinsam mit Eisenhower, als die beiden in einem viel zu kleinen Citroën über den Place de la Concorde fuhren. Später traf ich mal bei einem Spaziergang im Bois de Boulogne Yvonne de Gaulle, eingerahmt von zwei bewaffneten Leibwächtern. Und wir hatten einen Draht zu de Gaulle durch Hans Speidel. Hans Speidel war damals

Kommandeur der NATO-Landstreitkräfte mit Sitz auf Schloss Fontainebleau. Damals war Frankreich noch voll integriert in die NATO. Er kam oft zu uns nach Freiburg zu seinem Freund Arnold Bergstraesser, meinem akademischen Lehrer. Da berichtete er zum Beispiel über das erste Zusammentreffen von Adenauer und de Gaulle in Colombey-les-Deux-Églises. Er erzählte uns, dass dieses Treffen sehr freundschaftlich verlaufen sei. Aber was sagte de Gaulle, der ja von seiner weltgeschichtlichen Rolle immer sehr überzeugt gewesen ist, am Schluss zu Freunden? "Er ist meiner würdig!" Das fand ich dann doch übertrieben, diese Selbsteinschätzung. Aber sie war bei Politikern dieser Art und dieser Größe wie de Gaulle eben üblich.

- Sie haben bereits sehr jung Karriere gemacht. Es gab nach Ihrer Habilitation mit jugendlichen 31 Jahren sogar gleich drei Rufe für Sie: nach Berlin, Mainz und München. Warum gingen Sie nach München?

*Hans Maier:* Ich hatte zu München bereits eine Verbindung, zu Berlin und Mainz natürlich auch: zu Berlin durch den ersten Katholikentag nach dem Krieg, der dort im Jahr 1952 stattgefunden hatte. Damals sind wir Freiburger Studenten zusammen mit Karlsruher Studenten in einem Omnibus durch "die Zone" gefahren. Man durfte nur kurz aussteigen, aber immerhin, wir kamen in Berlin an. Zu Mainz hatte ich ebenfalls eine Verbindung durch einen Kongress, zu dem mich mein Lehrer Bergstraesser mitgenommen hatte. Aber zu München hatte ich doch die intensivsten Verbindungen. Erstens zur Akademie für Politische Bildung: mit ihr bin ich überhaupt seit damals bis heute verbunden. Zweitens hatte ich eine Verbindung zu "Hochland", einer damals sehr bekannten katholischen Monatsschrift: Der Redakteur von "Hochland" war, nachdem er meine Dissertation gelesen hatte, zu mir nach Freiburg gekommen und hatte mich zur Mitarbeit eingeladen. Darauf war ich ganz stolz. Er war auf mich aufmerksam geworden, weil ich für den Südwestfunk ein Portrait geschrieben hatte zum 50-jährigen Bestehen von "Hochland". Der dritte Grund war Eric Voegelin, den ich kennengelernt und der auch meinen Ruf nach München befördert hatte. Freilich, mein Ruf hatte auch eine "Nebenbedeutung". Voegelin selbst kümmerte sich wenig um die Ausbildung von Lehrern: Das lag ihm nicht. Das Ministerium wollte aber – denn inzwischen war in allen bayerischen Schulen das Fach "Sozialkunde" eingeführt worden – jemanden haben, der sich speziell um die Lehrerausbildung kümmerte. Das war dann meine Chance. Und so bin ich nach München gekommen.

- Nach Eric Voegelin ist in München eine Straße benannt, trotzdem werden ihn heute nicht mehr viele kennen: Er war ein sehr eigenwilliger, zurückgekehrter Emigrant. Ich selbst habe einmal bei ihm eine Übung besucht und habe daran noch eine sehr lebhafte Erinnerung. Er gab mir in dieser Übung einen Platon-Text auf Griechisch in die Hand, den ich sofort coram publico vorlesen sollte. Gott sei Dank hatte ich das Graecum und konnte die ersten Zeilen tatsächlich lesen. Dann ging der Text weiter an meinen Nachbarn, der diesen Text nicht lesen konnte, weil er kein Graecum hatte. Diesen Kommilitonen hat er sofort aus dem Seminar hinausgeschickt. Er war schon eine eigenwillige Figur.

*Hans Maier:* Ja, das stimmt.

- Und er hat es sich auch oft recht schwer gemacht und die Linken wie die Rechten gleichermaßen "enttäuscht".

*Hans Maier:* Er war ja eine "Erfindung" der Linken, wenn man so will. Die Viererkoalition unter Hoegner, die damals in Bayern regierte, hatte ihn berufen, und sie dachte natürlich, dass ein Emigrant aus den USA quasi zwingend links sein würde und zu ihnen passen müsse. Dann aber hielt Voegelin eine Antrittsvorlesung, in der er ins Gericht ging mit der gesamten modernen Philosophie und Marx als einen intellektuellen Schwindler bezeichnete. Daraufhin ging ein Aufschrei durch die ganze Linke, vom Physiker Walter Gerlach bis zu Hildegard Hamm-Brücher. Voegelin hatte damit alle seine Freunde auf dieser Seite verloren und neue, konservative auf der anderen Seite kaum gewonnen. Er war isoliert und hatte sich wohl vorgestellt, die Politische Wissenschaft würde in Deutschland so etwas wie ein Political Science Department in den USA werden. Aber dieser Platz war in Deutschland bereits durch das öffentliche Recht und auch durch die Volkswirtschaft und durch die politische Geschichte besetzt. Dagegen hat er immer angekämpft. Ich dagegen hatte mehr die Vorstellung: Gehen wir doch gemeinsam mit Volkswirten und Historikern und Öffentlich-Rechtlern an die Sache der politischen Bildung heran, denn wir können diese Tradition nicht einfach ignorieren und wegstecken.

- Die Linken haben Ihnen dann aber auch die Hölle heiß gemacht.

*Hans Maier:* Ja.

- Ich erinnere mich sehr gut, denn ich kam ebenfalls 1968 nach München und habe auch bei Ihnen gehört: Damals konnte man noch quer durch alle Fakultäten gehen. Das war sehr angenehm.

*Hans Maier:* Da gab es noch keine Bologna-Gefahr.

- Überhaupt nicht, man musste damals noch nicht auf die zweite Stelle hinter dem Komma bei irgendwelchen Seminararbeitszeugnissen achten. - Es gab dann bei Ihnen eine Entwicklung, bei der Sie gesagt haben: "Ich gehe auf Gegenkurs!" Es gab damals die Ordinarienuniversität auf der einen Seite und als Gegenentwurf die Ideologie der Drittelparität, bei der alles gleichberechtigt gedrittelt werden musste, d. h. Unterbau, Mittelbau und Oberbau sollten die Universität gemeinsam führen. Sie haben bei diesem Gegenkurs den "Bund Freiheit der Wissenschaft" mitgegründet. Was für ein politischer Kampf war das für Sie? Ging es um die Existenz der Universität? Oder war das ein gesamtgesellschaftliches Anliegen?

*Hans Maier:* Vordergründig habe ich die Professoren gesammelt, die damals ja völlig isoliert und als einzelne Individuen diesem Ansturm der revoltierenden Studenten gegenüberstanden. Die Studenten waren gesammelt hauptsächlich im SDS, also im Sozialistischen Deutschen Studentenbund, der damals eine regelrechte Denk- und Sprachherrschaft in der Universität errichtete. Und die Assistenten waren gesammelt in der Bundesassistentenkonferenz. Bei jeder Anhörung zu Hochschulgesetzen kamen der SDS und die Bundesassistentenkonferenz zu Wort, die Professoren jedoch nicht, denn sie waren nicht organisiert – außer im Hochschulverband, der aber als Standesorganisation galt. Der "Bund Freiheit der Wissenschaft" war zunächst einmal ein Versuch, die Professoren zusammenzuführen. So hat das damals Nina Grunenberg auch gesehen und in der "Zeit" kommentiert. Aber darüber hinaus war das auch ein Kampf um die Freiheit der Wissenschaft. Das hört sich heute etwas großmächtig an, aber es gab damals ja einen richtigen Kampf um das, was Wissenschaft sein sollte, was sie lehren sollte, was sie lehren durfte, einen Kampf um den Begriff der Relevanz. Es gab die RotenZellen-Geschichte, die Roten-Zellen-Chemie usw. In den Roten Zellen wurde festgelegt, was gelehrt werden sollte. Das war ein etwas primitiver, etwas vereinfachter Neomarxismus. Und es wurde festgelegt, was nicht gelehrt werden sollte. Man hat also im Grunde genommen eine Art Herrschaft über die Themen der Forschung für sich beansprucht. Das ging so weit, dass viele Professoren gar nicht mehr lesen konnten. Nikolaus Lobkowicz, der damals neu von der University of Notre Dame in Indiana, also aus den USA gekommen war, wurde zum Beispiel wochenlang am Lesen gehindert. Ich begann dann damit, diejenigen Studenten zu organisieren, die sich in den Hörsaal setzten, um dann, wenn die Verhinderer anfingen, Gegenmacht, Countervailing Power zu organisieren. Was mir wirklich den letzten Anstoß gegeben hat, war die Sprengung der Geschwister-Scholl-Feier an der Münchner Universität. Die Geschwister-Scholl-Feier war wirklich eine identitätsstiftende Einrichtung. Die Studenten der "Weißen Rose" und ihr Professor, der Extraordinarius Kurt Huber, haben im Dritten Reich ja wirklich die Ehre der Münchner Universität gerettet. Die Erinnerung an sie sollte daher eine Verpflichtung sein. Wir haben ja auch unser eigenes Institut für Politische Wissenschaft Geschwister Scholl Institut genannt. Dass diese linken Gruppen nun diese Feier sprengten, hat mir wirklich den letzten Anstoß gegeben und ich sagte: "Diesen Leuten überlasse ich die Universität nicht!"

– War dieses Engagement möglicherweise der Ausgangspunkt dafür, dass Sie dann zum Kultusminister in Bayern berufen wurden?

*Hans Maier:* Diese Gründungsversammlung in der Godesberger Stadthalle im Jahr 1970 hat natürlich ein großes Echo gefunden. Ich stand dadurch sozusagen in die Öffentlichkeit. Ich habe dann auch noch im gleichen Jahr den Trierer Katholikentag eröffnet, der unter dem Motto stand "Gemeinde des Herrn". Aber auch dabei standen demonstrierende Studenten neben mir und trugen Plakate mit der Aufschrift "Gemeinde des Herrn Maier". Ich war also von da an in der Öffentlichkeit wirklich präsent. Irgendjemand muss dann auf die Idee gekommen sein, mich zum Kultusminister zu machen. Den Hintergrund dafür habe ich erst später erfahren: Kein Profi wollte damals dieses Amt, denn dieses Amt galt als Himmelfahrtskommando. Daher hatte ich als Laie, als Nicht-Politiker, als Nicht-Parteimitglied die Chance, dieses Amt zu übernehmen. Damals wurde mir auch prophezeit, dass ich das nur so ein, zwei Jahre machen würde. Es sind dann aber 16 Jahre daraus geworden.

– Als es zu dieser Entscheidung gekommen ist, habe ich in Ihrem Buch etwas entdeckt, das immer wieder auftaucht. Ich interpretiere diese Stellen jeweils als kleine Liebeserklärungen an Ihre Frau. Denn Sie schreiben, als Sie Kultusminister werden sollten: "solidarisch gestärkt, wenn auch keineswegs gedrängt durch meine Frau". Ihre Frau hat also sehr solidarisch Anteil genommen, aber offensichtlich nie Druck gemacht nach dem Motto: "Jetzt musst du aber was werden, jetzt musst du dieses und jenes machen!"

*Hans Maier:* Das stimmt.

– Sie hat also Ihr Leben sehr anteilnehmend, aber nicht steuernd begleitet.

*Hans Maier:* Genau das. Das gilt zum Glück bis heute. Eine ganz wichtige Funktion ist auch, dass sie mich oft kritisch betrachtet und zu mir sagt: "Das musst du aber anders machen!" Das hat übrigens auch schon meine Mutter so gemacht mit mir. Das heißt, ich verdanke den Frauen die ersten kritischen Hinweise in meinem Leben: zuerst von meiner Mutter und dann von meiner Frau. Dafür kann man nur dankbar sein.

- Ich würde das gerne mit einem anderen Zitat noch unterstützen wollen, um damit auch Ihrer Frau ein kleines Denkmal zu setzen. Sie schreiben: "Wir haben viel gelacht, auch in Zeiten, in denen es wenig zu lachen gab. So half mir meine Frau, die Politik nicht nur zu verstehen, sondern auch zu ertragen." Ich glaube, etwas Schöneres kann man über die eigene Gattin nicht sagen, dass sie einem hilft, die Lebensmühe im Beruf mit zu ertragen.

*Hans Maier:* Ja, ganz sicher. Und das gilt bis heute.

- Sie haben in Ihrer langen Zeit als Kultusminister sehr viel unternommen und angepackt. Das können wir hier gar nicht alles abarbeiten. Aber es gibt einen Punkt, der mir ganz besonders wichtig erscheint. Sie haben sinngemäß immer gesagt: "Wenn wir schon die akademische Ausbildung fördern, dann müssen wir im gleichen Umfang auch die berufliche Ausbildung fördern." Vor vielen Jahren haben Sie mir einmal gesagt: "Es muss nicht jedes Kind in Bayern, es muss auch nicht jede Tochter von mir Akademiker werden. Es gibt viele gleichwertige Ausbildungsmöglichkeiten für die unterschiedlichen Arten von Menschen." Wie haben Sie es geschafft, aus dem akademischen Bereich kommend sich doch so sehr für die berufliche Bildung zu engagieren?

*Hans Maier:* Nun, das hängt mit der Vielfalt der Lebenserfahrungen zusammen. Die ersten Berufe, die ich bei meinen bäuerlichen Verwandten am Oberrhein kennenlernte, waren landwirtschaftliche Berufe und auch Winzerberufe. Später war ich befreundet mit Handwerkern: Mein leider schon verstorbener bester Freund Kurt Wörner war Bäcker. Mit keinem konnte ich so gut über Politik sprechen wie mit ihm. In die akademische Welt bin ich dann zwar allmählich hineingewachsen, dies aber immer mit einer leisen Distanz. Ich sage auch immer: Vor allem die deutsche Universität leidet bis heute darunter, dass sie allzu viele Menschen hat, die nur an der Universität etwas werden konnten. Das gilt generell für alle Berufe, aber bei der Universität ist es besonders deutlich. Ich habe also, wenn man so will, eine gleichmäßige

Nähe und Distanz zu allen Berufen und daher hat es mir nicht eingeleuchtet, dass die Bildungsreform – angefangen in den 60er Jahren bei Georg Picht – eigentlich nur auf Abitur und Studium gerichtet war. Und was ist mit den vielen anderen Menschen? Damals haben noch über 60 Prozent der Menschen einen beruflichen Weg eingeschlagen: Warum sollten sie nicht auch teilhaben an den neu gewonnenen Freiheiten und Möglichkeiten der Ausbildung? So war dann das Bayerische Berufsschulgesetz das erste in Deutschland, das die berufliche Bildung neben die akademische gestellt hat. Das hat übrigens einer meiner politischen Gegner, Peter Glotz von der SPD, immer anerkannt ...

- Den Sie in Ihrem Buch ja auch sehr loben.

*Hans Maier:* Ja, ich habe Peter Glotz, der leider sehr früh gestorben ist, hoch geschätzt: Er war ein Glück für die SPD, wenn ich mir erlauben darf, das von außen zu sagen. Die SPD müsste noch mehr Leute dieser Art haben. Glotz hat jedenfalls erkannt, dass die Bildung eigentlich alle ansprechen muss und nicht nur ein akademisch vorgebildetes Publikum.

- Sie selbst waren ja aufgrund Ihrer Prägung sehr wohl ein Kandidat für die CSU, aber Sie waren eben nicht Mitglied der CSU, als Sie Minister wurden: ein Minister ohne Landtagsmandat, ein Minister letztlich ohne Hausmacht in der Partei. Sie sind dann später in die CSU eingetreten und haben ein Landtagsmandat übernommen. Nun müssen zwei Namen fallen, um die wir nicht herumkommen. Der eine ist Alfons Goppel, unter dem Sie zuerst Minister waren, und der andere ist Franz Josef Strauß. Wenn Sie auf die Zeit in den Kabinetten unter diesen zwei Ministerpräsidenten, unter denen Sie gearbeitet haben, zurückblicken: Wie war das Verhältnis zu diesen beiden Ministerpräsidenten?

*Hans Maier:* Zu Goppel hatte ich ein ganz entspanntes Verhältnis. Ich kannte ihn von früher: Als ich im Deutschen Bildungsrat Bayern vertrat, habe ich ihn in Bonn immer wieder getroffen. Das war sehr kollegial und unproblematisch. Mit Strauß habe ich mich gerade in diesen acht Jahren bei Goppel ebenfalls gut vertragen. Man brauchte aber eine gewisse Entfernung zu ihm.

Als ich später mit ihm im Kabinett war, wurde es schwieriger. Aber immerhin, ich habe beide gekannt, den Landesvater Goppel und den Bayernherrscher Strauß, wie ich sie immer zu unterscheiden pflege. Beiden habe ich acht Jahre gedient: Sie sehen meinen Sinn für Symmetrie.

- Ich mag jetzt nicht alle Zitate herausnehmen, aber man darf durchaus zur Kenntnis nehmen, dass Sie über Strauß ein doch dezidiertes Urteil fällen. Sie machen das nicht nur, indem Sie selbst über ihn schreiben, sondern auch dadurch, dass Sie andere Leute zitieren, die sich über ihn geäußert haben. Es stellt sich ja auch im Rückblick die Frage, ob Strauß eigentlich ein guter Bundeskanzler geworden wäre oder ob ihm nicht bei all dem großen politischen Talent, das er hatte, seine andere Eigenschaft, nämlich seine mangelnde Selbstbeherrschung, für das höchste Amt im Wege gestanden wäre. Wie sehen Sie das heute?

*Hans Maier:* Ja, ich fürchte, er hat nicht zufällig das Höchste, was er erstrebt hat, nicht erreicht, weil er immer wieder die Kontrolle über sich selbst verloren hat. Er ist einer der begabtesten Menschen gewesen, die ich in meinem Leben kennengelernt habe. Er war nicht nur einer der begabtesten Politiker, denn an ihm ist zweifellos auch ein Wissenschaftler verloren gegangen. Er konnte über technische Details wie zum Beispiel bei der Kernphysik so reden, dass das die Anerkennung auch von Menschen wie Werner Heisenberg gefunden hat – von seiner rhetorischen Begabung gar nicht zu reden! Sie reichte von volkstümlicher Derbheit bis zu sehr komplexen und schwierigen Darlegungen. Aber er litt eben auch unter mangelnder Selbstbeherrschung. Es hat mich immer gewundert, dass er in wenigen Sekunden ausrasten und sich dann wirklich in ein zuckendes Bündel von Aggressivität verwandeln konnte. Das hat ihn dann ja auch in entscheidenden Phasen wirklich gelähmt. Helmut Kohl war das Gegenteil von ihm. Er war ein Mann, der sich eigentlich nur in einem Kreis von Menschen entfaltete, die ihm wohlwollten. Wenn er ein Gegenüber hatte, das ihm feindlich gesinnt war, wurde er unsicher, dann fielen ihm die Worte wie Kartoffeln aus dem Mund, dann wurde er schwächer.

Ich habe jedenfalls beide aus der Nähe kennengelernt und Helmut Kohl hat mir imponiert, weil er die ganze Breite der Politik gekannt hat, auch die internationale Politik, was damals allerdings nur wenige Journalisten erkannt haben. Und Kohl war eben jünger: Er konnte warten. Er hatte zwar eine minder geschlossene Truppe, die CDU, aber er verstand es, sie zu handhaben. Strauß hatte eine geschlossene Truppe, die CSU, aber ich habe dann doch auch erlebt, wie er in seinem zweiten Kabinett in den Jahren nach 1982 auch in innerparteiliche Schwierigkeiten geraten ist, vor allem durch den an die DDR vermittelten Milliardenkredit.

- Diese Phase beinhaltet noch eine interessante kurze Episode: Sie waren mal Kandidat für das Bundespräsidentenamt – zumindest in pectore, wenn man so sagen darf. Das hat dann aber nicht geklappt. Es gab die Frage, wer es werden soll: Karl Carstens oder Sie. Hat es Sie irgendwie beeinflusst, dass Sie einmal fast Bundespräsident geworden wären?

*Hans Maier:* Damals war ich noch zu jung, denn damals war ich ja noch in meinen Vierzigerjahren. Und ich war ja auch nur ein Übergangskandidat und das kam auch alles gar nicht an die Öffentlichkeit. Es war so, dass Karl Carstens, ein Ehrenmann, damals Bundestagspräsident gewesen ist: Bei ihm wurde plötzlich entdeckt, dass er 1940 der NSDAP beigetreten war. Kohl holte mich nach Bonn und fragte mich unumwunden, ob ich zur Verfügung stünde, falls Carstens nicht durchsetzbar sei. Das habe ich dann bejaht. Aber diese Sache dauerte nur kurz, denn in der Woche darauf wurde entdeckt, dass Walter Scheel auch in der NSDAP gewesen war. So hatten die Sozialliberalen kein Argument mehr gegen Carstens. Später kam dann diesbezüglich noch einmal eine Diskussion auf. Ich habe immer gesagt, die Parteivorsitzenden von CSU und CDU müssen sich dafür entscheiden, ich kann nicht selbst eine Kandidatur anmelden. Strauß hat das ausgelegt als einen Verzicht auf die Kandidatur. Es war schwierig: Er wollte ja Bundeskanzler werden und da konnte er einen zweiten Amtsinhaber neben sich, der aus der gleichen Partei kam, nicht brauchen. Und so ging diese Chance verloren. Später hat mich dann noch einmal Theo Waigel, als er Vorsitzender der CSU war, gefragt. Aber da war ich dann schon sowohl aus der Politik wie aus der Wissenschaft heraus und habe abgesagt.

- Abschließend möchte ich gerne auf den bekennenden Katholiken zurückkommen, den ich ja eingangs auch schon erwähnt habe. Sie waren lange Jahre Vorsitzender des Zentralkomitees der deutschen Katholiken. Aus all diesen Themen und Fragen möchte ich gerne Ihr Verhältnis zu Joseph Ratzinger, dem heutigen Papst Benedikt XVI. herausgreifen. Sie haben früher zusammen mit Joseph Ratzinger publiziert und es gibt da etwas, das mich beim Lesen Ihrer Autobiografie sehr nachdenklich gemacht hat. Es ging damals um die Fristenregelung und um die Frage der Beratung von schwangeren Frauen und wie man ihnen helfen kann, in einer schwierigen Situation ihr Kind zu bekommen. Andere sagten, dass diese Beratung doch nur der Einstieg in die Abtreibung sei. Sie schreiben, dass Ratzinger in einem Gespräch mit Ihnen zornig geworden sei: "Wir gingen auseinander, in der Sache unversöhnt." Ist das etwas, das bis heute andauert?

*Hans Maier:* Ja, und das tut mir eigentlich weh. Denn ich habe vieles mit Joseph Ratzinger gemeinsam. Seit meine Frau und ich ihn zum ersten Mal kennenlernten – das war bei den Salzburger Hochschulwochen im Jahr 1962 –, haben wir ihn immer bewundert. Ich habe ja auch ein Buch über Kirche und Demokratie mit ihm geschrieben und wir haben gemeinsam die "Internationale katholische Zeitschrift – Communio" begründet. In vieler Hinsicht zogen und ziehen wir bis heute auch innerkirchlich eigentlich an einem Strang. Aber die Gesetzgebung in Deutschland nach der Wiedervereinigung hat ja eine Situation geschaffen, in der, das möchte ich ausdrücklich festhalten, Abtreibung nach wie vor Unrecht blieb, aber straffreies Unrecht wurde, wenn die betreffende Frau die Beratung in Anspruch nahm. Das ist die deutsche Rechtslage bis heute. In Deutschland haben wir also nicht wie in anderen Ländern wie zum Beispiel in den USA die Situation, dass Abtreibung ein Recht der Frau ist. Nein, das ist bei uns keineswegs so und würde auch gegen Artikel 1 des Grundgesetzes verstoßen. Aber wir haben die verpflichtende Beratung als einziges Land in Europa. Man kann nun einmal das Leben der Ungeborenen nur gemeinsam mit der Frau schützen. Es gegen sie zu schützen, etwa mithilfe des Strafrechts, hat sich als ein nicht gangbarer Weg erwiesen. Deswegen setze ich mich sehr dafür ein, dass diese Konfliktberatung auch von der Kirche wahrgenommen wird. De facto haben wir aber im heutigen Deutschland in den kirchlichen Beratungsstellen kaum mehr eine Konfliktberatung. Und deswegen haben wir zusammen mit Freunden vom Zentralkomitee der deutschen Katholiken "donum vitae" gegründet. Das ist nichts anderes als ein Beratungsverein, der die Arbeit fortsetzt, die die deutschen Bischöfe – mit einer Ausnahme, nämlich ohne den damaligen Bischof von Fulda – fünf Jahre lang aus eigener Überzeugung und mit eigenen Kräften angeboten haben. Ich finde, da kann man nicht einfach aussteigen. Man kann auch nicht aussteigen, ohne mit der evangelischen Kirche darüber zu reden, denn in den weltanschaulich gestaffelten Angeboten der Beratung gibt es die Gesundheitsämter, gibt es "pro familia" und eben auch die evangelische und die katholische Kirche. Der katholische Part ist dort daher unersetzbar und wichtig und deswegen bedauere ich sehr diesen Ausstieg. Ich habe das auch sehr früh dem damaligen Kardinal Ratzinger gesagt, aber leider kein Gehör bei ihm gefunden.

- Dieses nehmen wir zum Schluss auch als Teil Ihres politischkirchlichen Vermächtnisses mit aus diesem Gespräch. Das ist etwas, das die Gesellschaft auf lange Zeit weiter bewegen wird, genauso wie die Kirche.

# Dr. h.c. Charlotte Knobloch

Präsidentin der Israelitischen Kultusgemeinde
München und Oberbayern[7]

- Herzlich willkommen zum alpha-Forum, verehrte Zuschauerinnen und Zuschauer. Gestatten Sie bitte einen kleinen Rückblick: Wir schreiben das Jahr 1942, ein kleines jüdisches Mädchen steht auf der Deportationsliste, und zwar zusammen mit ihrer Großmutter, in das KZ Theresienstadt. Der Vater versteckt seine Tochter in einem Dorf in Mittelfranken. Dort muss dieses Mädchen seinen Namen und seine Herkunft verleugnen und darf ihren Glauben nicht leben. Die Großmutter kommt im KZ um, das kleine Mädchen überlebt und sitzt heute bei uns. Herzlich willkommen, Charlotte Knobloch, geborene Charlotte Neuland alias Lotte Hummel, Präsidentin der Israelitischen Kultusgemeinde in München und Oberbayern und auch Ehrendoktor der Universität Tel Aviv.
*Charlotte Knobloch:* Schönen guten Tag.
- Frau Knobloch, wie viel Sorge und wie viel Überlebenswille der kleinen Charlotte aus der Zeit, in der Sie sich verstecken mussten, ist in Ihnen bis heute lebendig geblieben?
*Charlotte Knobloch:* Das ist ein enormer Lebenswille, der vor allem geprägt ist durch die Freude am Leben. Das ist die Freude, die ich an meiner Tätigkeit habe, die ich an meiner Familie habe. Zu meinem Leben gehört aber auch die bittere Erkenntnis, dass der Abschied von meiner Großmutter im Jahr 1942 für mich doch ein Erlebnis gewesen ist, das mich mein ganzes Leben begleitet hat.

---

[7] Erstausstrahlung am 30.10.2012

- Ihre Großmutter war die prägende Figur in Ihrer Kindheit und Jugend, da Sie ja ohne Mutter aufgewachsen sind. Ist Ihre Großmutter so etwas wie Ihre jüdische Identität?
*Charlotte Knobloch:* Das sowieso, weil das Leben im Haus meiner Großeltern ein ziemlich religiös gestaltetes Leben gewesen ist. Aber auf der anderen Seite hat sie mir unglaublich viel Liebe gegeben: Dadurch habe ich gelernt, dass man mit Liebe enorm viel Begeisterung hervorrufen kann. Durch diese Liebe von ihr hatte ich bereits als kleines Mädchen sehr, sehr viel Kraft – auch in diesem Abschiedsgespräch, bei dem ich ganz genau wusste, dass ich sie nie mehr sehen werde.
- Sie haben ja die Nazizeit als Kind erlebt, die Entrechtung Ihres Vaters. Dazu gehörte, dass Ihre Villa geplündert worden ist. Sie mit Ihrer Familie mussten dann sogar ins Untergeschoss ziehen, als die Nazibonzen diese Villa "eroberten". War für Sie eigentlich damals schon klar, dass das der Anfang einer wirklich sehr schlimmen Geschichte für das Judentum sein wird?
*Charlotte Knobloch:* Das war für mich klar, seitdem ich nicht mehr die Gelegenheit hatte, mit den Kindern spielen zu dürfen, mit denen ich bis dahin jeden Nachmittag gespielt habe.
- Hat man da einfach gesagt: "Du gehörst nicht mehr zu uns!"?
*Charlotte Knobloch:* Das Tor war verschlossen. Es war so, dass man damals einfach in den Nachbarhof gegangen ist, wo sich die Kinder versammelten. Eines Nachmittags war dieses Tor verschlossen: Ich habe gerüttelt an diesem Tor, weil ich dachte, da wäre irgendetwas an dem Schloss kaputt. Aber dann kam die Hausmeisterin und sagte zu mir: "Unsere Kinder spielen nicht mehr mit einem Judenkind!"
- Gab es nur Ausgrenzung oder gab es hin und wieder auch Menschen, die eine gewisse Schutzfunktion ausgeübt haben? Ich weiß, dass Ihr Vater zwischenzeitlich verhaftet und abtransportiert worden ist, während Sie völlig alleine auf der Straße zurückblieben.
*Charlotte Knobloch:* Es gab immer wieder solche Menschen, aber nur selten. Das lag auch daran, dass wir immer weniger Kontakt

mit anderen Menschen hatten. Wir lebten anfangs sehr zurückgezogen und mussten dann aber auch sehr zurückgezogen leben. Wir durften ja keine Parkbank benutzen, wir durften keine öffentlichen Verkehrsmittel benutzen, wir durften in kein Café gehen. Meine Kindheit war also geprägt vom Versteck, in das man sich immer wieder geflüchtet hat, und von der Angst, die unsere und vor allem auch meine tägliche Begleitung gewesen ist.
- Wir sollten jetzt vielleicht kurz ein Stück Zeitgeschichte bemühen. Es gab vor dem Novemberpogrom eine große Konferenz in Evian am Genfer See: Dort kamen 32 Staaten zusammen und es ging darum, wer überhaupt bereit ist, jüdische Flüchtlinge aus Nazi-Deutschland aufzunehmen, weil sie dort verfolgt werden. Es war eigentlich nur ein Staat, der dazu bereit war, nämlich die Dominikanische Republik. Das ist im Nachhinein eigentlich ein großes Verbrechen, dass man die Menschen nicht aktiv vor der Verfolgung hat retten wollen. Sie selbst sind dann in der Tat untergekommen bei einer Frau, nämlich bei Kreszentia Hummel. Wie kam es, dass Ihr Vater Sie ausgerechnet zu einer mittelfränkischen Bauernfamilie bringen konnte?
*Charlotte Knobloch:* Der Bruder meines Vaters war Kinderarzt in Nürnberg und hatte auch eine Tochter, die etwas älter war als ich. Wenn ich mich richtig erinnere, dann lagen zwei Jahre Altersunterschied zwischen uns beiden. So oft es möglich war, war ich dort im Haus meines Onkels zu Gast. Dabei lernte ich eben auch deren Haushälterin kennen, die besagte Kreszentia Hummel. Ich kann mich daran erinnern, dass sie von Anfang an eine Person gewesen ist, die ich jedes Mal mit Freude gesehen habe, wenn ich dort angekommen bin, die mich sehr behütet hat. Wahrscheinlich hat sie sich auch deshalb mir gegenüber so verhalten, weil sie wusste, dass mir eine Mutter fehlte. Meine Großmutter kannte sie ebenfalls, weil sie ja auch meistens mit dabei gewesen ist. So ist jedenfalls dieses gute Verhältnis zwischen ihr und mir und überhaupt meiner ganzen Familie zustande gekommen. Ich nehme an, dass mein Vater deswegen im letzten Moment die Möglichkeit ergriffen hat, mich dort, wie zunächst geplant, für kurze unterzubringen. Aus

dieser "kurzen Zeit" wurden dann aber doch drei Jahre.
- Wie war das für Sie? Sie kamen dort an und mussten schweigen. Sie hatten ja offensichtlich bereits gelernt, sich zurückzuziehen. Sie bekamen einen anderen Namen und gingen dann – als jüdisches Mädchen – auch mit in die katholische Kirche ...
*Charlotte Knobloch:* ... und zwar täglich! Das war ja die Voraussetzung dafür, dass meine wahre Identität geschützt blieb. Ich lebte daher eben das Leben der anderen mit. Ich kann Ihnen aber sagen, dass ich mich dabei nicht gequält gefühlt habe. Nein, ganz im Gegenteil, das war einerseits etwas ganz Neues. Auf der anderen Seite passte ich natürlich schon sehr auf, inwieweit mich meine Umgebung akzeptiert oder auch nicht. Aber das hat eben wirklich funktioniert in diesen drei Jahren. Ich spreche da immer von einem Wunder, denn dass das so passieren konnte, dass das in der Form ohne Probleme vor sich gehen konnte, muss man wirklich als Wunder bezeichnen.
- Als die Nazizeit zu Ende ging und Ihr Vater Sie wieder zurück nach München holen wollte, wollten Sie das gar nicht.
*Charlotte Knobloch:* Ja, überhaupt nicht.
- Sie waren sozusagen ein mittelfränkisches Bauernkind geworden.
*Charlotte Knobloch:* Ich konnte mir erstens nicht vorstellen, dass sich die Menschen dort innerhalb von 24 Stunden geändert haben. Ich konnte mir das einfach nicht vorstellen, denn ich wusste ja, dass ich wahrscheinlich dasselbe Umfeld antreffen werde, das ich drei Jahre zuvor verlassen hatte. Ich wollte stattdessen einfach meine Ruhe haben. Meine Freunde waren die Tiere, die es auf diesem Bauernhof gegeben hat: Das war mein Reich, in dem ich gelebt habe. Das hat mich so zufriedengestellt, dass ich keine weiteren Probleme auf mich laden wollte. Ich hatte also schlicht Angst davor, wie ich mich in dieser neuen alten Umgebung fühlen werde.
- Hatte denn Ihre Retterin Kreszentia Hummel irgendwann mal erzählt, warum sie das gemacht hat? Hatte sie einen Grund dafür? Machte sie das aus Liebe zu Ihrer Familie oder gab es da noch etwas anderes, was sie dazu bewegt hat?

*Charlotte Knobloch:* Sie hat mir das natürlich nicht gleich erzählt und damals habe ich sie auch nicht danach gefragt. Aber nachdem die Amerikaner 1945 dieses Dorf befreit hatten, habe ich sie dann schon gefragt: "Sag mal, warum hast du das eigentlich getan? Ihr habt euch doch damit in eine furchtbare Situation gebracht. Wenn man entdeckt hätte, wer ich wirklich bin, dann wäre das doch auch für euch sehr, sehr gefährlich geworden." Denn das war ja in der Tat ein sehr, sehr großes Risiko, das sie auf sich genommen hatten, ein Risiko, wie das damals leider Gottes nur sehr wenige eingegangen sind. Ich wusste ja noch, dass sie sich damals, als mein Vater mit mir angekommen war und die ganze Wahrheit gesagt hatte, worum es eigentlich ging, zurückgezogen und einen Familienrat abgehalten haben. Der hat ziemlich lange gedauert. Ich glaube, wenn ich mich so zurückerinnere, dass das doch eine halbe Stunde gewesen ist, die wir warten mussten. Sie kamen dann aber zurück und sagten, wenn es möglich ist, dass niemand erfährt, wer ich wirklich bin, dann würden sie es versuchen, mich dazubehalten und aufzunehmen. Dort auf diesem Hof lebte ein alter Vater mit zwei Töchtern. Die beiden Söhne bzw. Brüder waren zu dieser Zeit bei der Wehrmacht, der eine in Russland, der andere in Afrika. Der Grund, mich bei sich aufzunehmen, war, dass sie sich vorstellten: Wenn sie ein gutes Werk tun, dann retten sie vielleicht das Leben ihrer Brüder bzw. der Söhne.
- Sind diese beiden Brüder denn zurückgekommen?
*Charlotte Knobloch:* Ja, sie sind lebend und unversehrt aus dem Krieg zurückgekommen. Deswegen wollte die Kreszentia Hummel auch nie in irgendeiner Form eine äußere Ehrung für ihr Verhalten. Das hat sie immer abgelehnt.
- Für eine Bauerntochter, die als Dienstmagd aus der Stadt zurückkommt und ein Kind mitbringt, muss das doch eine große Belastung gewesen sein. Hat man ihr denn nicht unterstellt, dass dieses Kind unehelich ist, ein "Bankert"? Denn damals hat man ja auf Frauen mit unehelichen Kindern noch mit großer Häme geschaut.
*Charlotte Knobloch:* Das war es ja! Aber auf der anderen Seite war

das eben auch mein großes Glück. Ihr Cousin war der Ortsbauernführer: Bei ihm musste ich gemeldet werden, er war dafür verantwortlich, dass da alles seine Ordnung hatte. Wir sind also zusammen dorthin gegangen und er hat sie wirklich sehr höhnisch empfangen. Ich habe das damals als junges Mädchen noch gar nicht so verstanden, wie ich das dann nach 1945 verstanden habe: diese Zumutung für Kreszentia Hummel. Denn plötzlich war da ein Kind von ihr vorhanden, wo sie doch eine sehr religiöse Frau gewesen ist, eine Frau, die ganz tief im Katholizismus verwurzelt war. Beides hat einfach nicht zusammengepasst und deswegen waren die Leute ihr gegenüber sehr hämisch und geradezu froh darüber, dass genau diese fromme Frau nun ein außereheliches Kind hat. Und damals war es ja fast noch ein Verbrechen, ein außereheliches Kind zu haben.
- Sie hat das aber alles tapfer ertragen, um Sie zu decken und zu retten?
*Charlotte Knobloch:* Ja, das hat sie tapfer ertragen. Sie war wirklich eine sehr gescheite Frau und wusste daher, dass das die einzige Chance für mich war. Und nachdem der Pfarrer im Ort der einzige Mensch gewesen ist, der meine wahre Identität kannte, hat sie das nicht so sehr belastet. Das hat sie das Geschwätz der Leute leichter ertragen lassen. Aber mit der Zeit haben sich die Leute eh beruhigt und es akzeptiert. Manchmal ließen sie aber schon noch recht höhnische Worte fallen ihr gegenüber, die sie sehr beleidigt haben.
- Als der Krieg zu Ende war und Sie wieder in München waren, gab es ja bei sehr, sehr vielen überlebenden Juden, aber auch bei jüdischen Organisationen die generelle Haltung: "Deutschland ist kein Land mehr, in dem Juden leben, in dem Juden bleiben können!" Für mich stellt sich daher die Frage, warum Ihr Vater dennoch in Deutschland geblieben ist?
*Charlotte Knobloch:* Schauen Sie, mein Vater ist in Bayreuth geboren, war also ein Franke, wie überhaupt meine Familie hauptsächlich aus Franken gekommen ist. Meine Urgroßeltern waren z. B. Getreidehändler in Neustadt an der Aisch gewesen. Das heißt, es

waren doch einige Generationen gewesen, die da in Deutschland Fuß gefasst hatten. Mein Vater war zu seinem Studium nach München gegangen und wurde ein begeisterter Bergsteiger: Er hat das Land und die Natur geliebt. Deswegen hat er sich auch so lange n vorstellen können, dass man gerade ihn hier nicht mehr haben will, ihn, diesen Mann, der hochdekoriert aus dem Ersten Weltkrieg nach Hause gekommen war. Ich habe heute noch die Orden, die er damals verliehen bekommen hat. Nach 1945 war er zunächst einmal froh, dass er überlebt hatte. Und als einer der wenigen hat er daran geglaubt, dass es in Deutschland eventuell wieder ein jüdisches Leben geben könnte. Er war Jurist, d. h. er war Anwalt, und wusste, dass er seinen Beruf nur hier in Deutschland ausüben kann. Sein Bruder, der nach Amerika geflüchtet war, hat ihn von dort aus immer wieder bedrängt, doch endlich selbst in die Staaten zu kommen. Ihm war aber eben klar, dass er in den Vereinigten Staaten in seinem Beruf als Anwalt nicht mehr hätte arbeiten können. Mein Vater war dann einer der ersten Präsidenten der Israelitischen Kultusgemeinde nach dem Zweiten Weltkrieg, weil er überzeugt davon war, dass es besser ist, dieses Land nicht zu verlassen. Nach einiger Zeit hat er dann seinen Glauben an die Menschen zurückgewonnen und wirkte sogar an der bayerischen Verfassung mit. Das heißt, er war dann wieder ganz in sein berufliches Leben integriert. Für mich hingegen war die Auswanderung sehr wohl ein Thema.

- Ich habe es eingangs schon gesagt, Sie sind ohne Mutter aufgewachsen. Es gibt jetzt von Ihnen einen kleinen Erinnerungsband, den Sie zusammen mit Rafael Seligmann geschrieben haben: "In Deutschland angekommen: Erinnerungen." In diesem Buch gibt es mehrere Stellen, an denen Sie zu Ihrer Mutter sprechen. Unter anderem heißt es dort: "Eine jüdische Mame geht für ihr Kind durch Wasser und Feuer. Eine solche Mame habe ich nicht gehabt." Was hatte denn dazu geführt, dass Ihre Mutter nicht bei Ihnen geblieben ist?

*Charlotte Knobloch:* Meine Mutter war bei der Heirat zum Judentum übergetreten, weil die Eltern meines Vaters eben auch sehr

religiös gewesen sind, sehr stark im jüdischen Glauben verwurzelt waren. Man hat mir diese Geschichte von ihr erst später erzählt, damals habe ich das nicht gewusst: Sie ist eines Tages zur Gestapo einbestellt worden. Dort hat man ihr gesagt, wenn sie bei "dem Juden" bleibt und bei dieser Religion, dann wird ihr dasselbe passieren, wie man es mit den Juden vorhat. Das war der Grund.
Sie haben dann nie mehr Kontakt zu Ihrer Mutter finden können?
*Charlotte Knobloch:* Wollen wir es so formulieren: Es hat sich nicht ergeben.
- Als Sie 13 Jahre alt waren, haben Sie das Ziel erreicht, das Sie sich gesetzt hatten: Sie wollten das sogenannte "Tausendjährige Reich" überleben und Sie haben es überlebt. Mit 15 Jahren haben Sie dann einen Entschluss gefasst, der mich wirklich verblüfft hat: Sie haben sich mit 15 Jahren entschlossen zu heiraten, und zwar einen Mann, der noch gar nichts von seinem Glück wusste. Was für ein Mann war das?
*Charlotte Knobloch:* Bei uns gibt es ja ein sehr fröhliches Fest, das sich Purim nennt. Die Überlebenden kamen nach dem Krieg natürlich immer wieder zusammen und ich hatte eine Freundin, die auch so ähnlich wie ich überlebt hatte. Deren Mutter veranstaltete also an Purim ein schönes Fest und lud dazu einige weitere Leute ein. Ich saß auf der Couch und sah die Leute nacheinander hereinkommen. Und plötzlich kam da einer mit wunderschönen schwarzen Augen, mit ganz dunklen Augen. Ich war völlig begeistert von ihm. Er wiederum hat mich gar nicht angeschaut, weil ich für ihn mit meinen paar Jahren, die ich damals erst hatte, einfach nicht interessant war. Ich habe dann aber doch einmal mit ihm getanzt und habe ihn, das werde ich nie vergessen, gefragt, ob er nicht meine Telefonnummer haben möchte. Aber meine Telefonnummer hat ihn überhaupt nicht interessiert.
- Mutig! Das war ein mutiger Schritt für ein Mädchen, das von sich aus zu machen. Und das in dem Alter!
*Charlotte Knobloch:* Ja, ich war einfach völlig begeistert von ihm. Mit meinen 15, 16 Jahren war ich aber auch schon viel reifer als

andere Mädchen in dem Alter damals. Das lag einfach an dem, was ich bereits alles erlebt hatte. Auf dieses Telefongespräch musste ich dann lange warten. Aber nach einem halben Jahr kam es dann eben doch.
- War er da dann gezielt interessiert an Ihnen? Oder waren Sie ein Ersatz, weil irgendetwas anderes nicht geklappt hatte?
*Charlotte Knobloch:* Sehen Sie, diese Frage habe ich ihm nie gestellt, denn das war mir vollkommen egal.
- Hauptsache, er hat angerufen?
*Charlotte Knobloch:* Ja, Hauptsache, ich konnte mal mit ihm ausgehen. Das waren damals ja noch ganz andere Zeiten als heute: Damals musste man zu einer gewissen Zeit zu Hause sein. Mein Vater hatte auch wieder geheiratet, aber unser Familienleben war halt doch nicht so, wie ich mir das immer gewünscht hätte und wie ich es später meinen Kindern gegeben habe.
- Dieser junge Mann hieß jedenfalls Samuel Knobloch. Ich kann mir diesen Vornamen deswegen so gut merken, weil auch mein ältester Enkelsohn Samuel heißt. Der junge Mann traf jedoch nicht auf die Zustimmung Ihres Vaters. Warum hatte Ihr Vater Vorbehalte ihm gegenüber?
*Charlotte Knobloch:* Mein Vater stammte aus einer konservativen Familie. Er hat mir gesagt, dass man in seiner Generation die Ehen noch arrangiert habe und dass für eine Ehe auch bestimmte Grundlagen vorhanden sein müssten. Aber dieser Samuel Knobloch hatte nichts: Er besaß nichts, hatte keinen Beruf und damit auch keine rosigen wirtschaftlichen Zukunftsaussichten. Er hatte nur den einen Wunsch, Deutschland zu verlassen. Das war alles, was er zu bieten hatte, und genau dafür bedurfte er aber der Zustimmung meines Vaters.
- Wären Sie denn bereit gewesen mitzugehen in jedes Land der Welt, wohin Samuel Knobloch gehen wollte?
*Charlotte Knobloch:* Ich habe das sogar gefördert, denn ich wollte ja nicht in Deutschland bleiben.
- Wurde das dann zu einem Konflikt zwischen Vater und Tochter?

*Charlotte Knobloch:* Nein. Als wir dann doch geheiratet haben, hat mein Vater eine Ansprache gehalten, in der er bereits mehr oder weniger Abschied von seiner Tochter genommen hat, weil er wusste, dass sie in die weite Welt gehen wird. Ich sehe es heute noch vor mir, wie damals alle anwesenden Damen geheult haben wie sonst was, als dieses fröhliche Hochzeitsfest deswegen ein bisschen traurig wurde. Er hat aber selbst gesehen, dass ich nicht glücklich sein würde, wenn ich hier bliebe. Das lag einfach auch an den Menschen, die ich immer wieder gesehen habe und die ich noch von früher kannte. Dieser Hausmeisterin, die im Haus gegenüber immer noch ihre Dienste tat, begegnete ich z. B. auch immer wieder. Sie kam sogar eines Tages zu meinem Vater und wollte von ihm ein gutes Zeugnis für ihr Entnazifizierungsverfahren haben. Diese Dinge waren mir einfach zu viel.
- Diese Hausmeisterin beschreiben Sie ja auch in diesem Buch: Zuerst hat sie Sie vom Spielen ausgeschlossen und später kam sie an und wollte über Sie Zugang zu Ihrem Vater haben. Dabei hat sie aber gar nicht erkannt, dass Sie dieses kleine Mädchen von damals waren.
*Charlotte Knobloch:* Sie hat ihn direkt aufgesucht, soweit ich mich erinnern kann. Aber ich habe sie dabei natürlich gesehen ...
- Wie haben Sie reagiert? Waren Sie sauer auf sie?
*Charlotte Knobloch:* Sie war für mich einfach nicht existent. Sie hatte damals mit diesem Wort "Jude" ein Thema losgelöst, das mir heute noch Probleme macht. Denn für mich ist das Wort "Jude" heute noch ein Schimpfwort. Darum gebrauche ich es nur sehr selten. Und wenn ich es gebrauche, dann denke ich mir immer: "Um Gottes willen!" Aber manchmal kann man es ja gar nicht vermeiden. Von ihr hatte ich dieses Wort zum ersten Mal gehört, denn bis dahin hatte ich ja noch nicht einmal gewusst, was "Jude" überhaupt ist. Ich hatte bis dahin als kleines Mädchen ganz normal gelebt, aber plötzlich wurde ich mit etwas bezeichnet, das ich damals sofort als Schimpfwort aufgefasst habe.
- Man spricht heute aber doch auch z. B. vom Zentralrat der Juden in Deutschland, dessen Präsidentin Sie sogar zwischenzeitlich

gewesen sind. Finden Sie, dass der Begriff "Jude" heute noch mit Vorurteilen belegt ist in Deutschland?
*Charlotte Knobloch:* Ja, absolut. Das ist absolut meine Meinung und deswegen spreche ich meistens von der jüdischen Gemeinschaft, von den jüdischen Menschen, von der jüdischen oder nicht-jüdischen Umwelt usw. Wie gesagt, ich gebrauche dieses Wort meistens nicht, denn für mich ist dieses Wort eben auf diese Weise belegt.
- Kommen wir noch einmal zu Samuel Knobloch zurück, denn er interessiert mich wirklich, zu diesem Mann mit den schönen schwarzen Augen, der eine 15-Jährige so fasziniert hat, dass sie ihn gleich heiraten wollte. Sie haben ihn dann auch tatsächlich geheiratet. Samuel Knobloch stammt aus einer eigentlich historisch berühmten Familie: Er ist ein Cohen oder Aaronit, stammt also aus der Priesterfamilie ab, die auf Aaron zurückgeht.
*Charlotte Knobloch:* Kompliment!
- Hatte das für seine Familie eine besondere Bedeutung? War diese Familie dadurch besonders von religiösem Wissen geprägt?
*Charlotte Knobloch:* Seine Familie war ausgelöscht, er hatte nur mehr einen Bruder. Samuel hatte alle KZs, die man so kennt, überlebt, Gott sei Dank überlebt. Er hatte zuschauen müssen, wie vor seinen Augen sein Vater von den Wachmannschaften erschossen wurde. Für ihn war meine Familie, die ja auch nur mehr sehr klein war, dann seine Familie. Ein Cohen ist im jüdischen Leben jemand, von dem man weiß, dass er z. B. sehr schnell erregt ist. Das ist einfach typisch Cohen. Das sind aber Dinge, die nichts mit der Religion als solcher zu tun haben, sondern die sich auf bestimmte menschliche Charakteristika beziehen. Die Tatsache, dass er mich geheiratet hat, hat mich damals schon sehr gerührt bzw. mich sehr zufrieden gemacht. Diese Hochzeit war das erste Mal, dass ich nach all den Jahren so richtig glücklich gewesen bin.
- Und Sie haben nach der Hochzeit sofort Polnisch gelernt, weil Polnisch eine seiner Muttersprachen gewesen ist?

*Charlotte Knobloch:* Nein, ich habe schon vor der Hochzeit damit begonnen, denn ich bin ja in seine Gesellschaft gekommen und musste und wollte mich mit ihm unterhalten.

- Hat sich das dann auch bei Ihren Kindern fortgesetzt? Haben auch sie noch die Sprache ihres Vaters gelernt?

*Charlotte Knobloch:* Sie hätten es gerne gelernt, aber es war einfach so, dass ich das bisschen Polnisch, das ich mir übers Zuhören angeeignet hatte, immer dann eingesetzt habe, wenn die Kinder gerade nicht verstehen sollten, was ich sage.

- Ah, das war sozusagen die Geheimsprache zwischen Ihnen und Ihrem Mann.

*Charlotte Knobloch:* Ja, das war unsere Geheimsprache. Sie hätten es wirklich gerne gelernt und ein bisschen was haben sie bestimmt herausgehört. Aber im Prinzip war es schon ganz gut, dass wir beide uns auch unterhalten konnten, ohne dass uns die Kinder verstanden.

- Sie haben vorhin ganz kurz erwähnt, dass die gesamte Familie Ihres Mannes aus Polen ganz brutal ausgelöscht worden ist. Hat man denn damals all diese Dinge sofort miteinander besprochen? Oder gab es doch Tabus, um das Leid ein bisschen wegzuhalten, fernzuhalten vom Leben, dass man dann führte?

*Charlotte Knobloch:* Wir haben z. B. mit unseren Kindern jahrzehntelang nicht über unser Leben in der nationalsozialistischen Zeit gesprochen, weder mein Mann noch ich. Mein Mann und ich haben uns schon ausgetauscht, er kannte meine Leidenszeit und ich kannte seine. Aber diese ganze Epoche wurde im Beisein der Kinder nie angesprochen.

- Das heißt, Ihre Kinder sind ohne die Last der Shoa aufgewachsen?

*Charlotte Knobloch:* Die Kinder wussten sehr wohl, welches Leid den Juden im "Dritten Reich" zugefügt worden ist. Aber sie wussten nichts über meine Vergangenheit oder die Vergangenheit ihres Vaters. Und interessanterweise haben sie über viele, viele Jahre hinweg uns nie gefragt: "Wie war das bei euch?" Das war also ein großes Tabu in unserer Familie. Aber das war nicht nur bei uns so, sondern das war bei den anderen Familien ganz genauso. Ich glau-

be, da haben wir uns insgeheim zusammengeschlossen, sodass diese Themen jahrzehntelang nicht besprochen wurden.
- Können Sie sich erklären, warum eine Gemeinschaft, die das Grausamste erlebt hat und durchlitten hat, nämlich den Versuch ihrer Ausrottung, versucht hat, das zu tabuisieren? Warum die Überlebenden versucht haben, das der nachfolgenden Generation zu verschweigen?
*Charlotte Knobloch:* Herr Dr. Grotzky, wir haben uns geschämt. Wir schämten uns ...
- Aber Sie waren doch die Opfer, die anderen hätten sich doch schämen müssen!
*Charlotte Knobloch:* Wir schämten uns, dass wir in einem Land lebten, das man zur damaligen Zeit als Land der Mörder bezeichnet hat. Und das wurde uns auch immer wieder vom Ausland vorgeworfen, auch von näheren und ferneren Verwandten. Auch mein Onkel konnte das nicht verstehen. Die jüdischen Menschen im Ausland haben uns sogar direkt ein wenig geschnitten und es wurde auch mehr oder weniger so getan, als wären die jüdischen Gemeinden in Deutschland alle Auflösungsgemeinden, die keine Zukunft mehr haben, die nicht mehr lange existieren würden. Man hat also dem jüdischen Leben in Deutschland keine Zukunft gegeben. Und wir selbst lebten damals in Deutschland ja mitten in einer Gesellschaft, von der wir auch nicht wussten, wieweit mit ihr in Zukunft ein Zusammenleben wieder möglich sein wird.
- Die Jewish Agency hatte ja bereits zu Beginn der 50er Jahre ultimativ gefordert, dass nun alle Juden auswandern müssen aus Deutschland.
*Charlotte Knobloch:* Nicht nur die Jewish Agency! Das forderten z. B. auch die israelischen Staatspräsidenten, wenn sie hier zu Besuch waren.
- Darauf würde ich gerne zu sprechen kommen. Es gibt einige Namen, die man hier nennen muss: Jitzchak Schamir, Elie Wiesel, den Staatspräsidenten Chaim Weizmann usw. Sie alle haben immer wieder die Frage gestellt: "Wieso könnt ihr in Deutschland leben?" Ich denke, dass das auch heute noch ein spannungsgelade-

nes Thema ist, wenn man als Vertreter der deutschen Israelitischen Kultusgemeinden nach Israel fährt. Wahrscheinlich wird Ihnen diese Frage immer wieder gestellt, oder?

*Charlotte Knobloch:* Israelische Journalisten und ältere israelische Bürger – vor allem, wenn sie Überlebende sind – stellen diese Frage schon manchmal. Es ist also nicht so, dass dieses Thema ein Tabu wäre, aber meine Antwort auf diese Frage lautet immer: "Seht ihr, Hitler hat doch nicht recht behalten!"

- Wenn jüdische Freunde aus anderen Ländern nach Deutschland kommen, dann erlebe ich immer wieder, dass sie mich, wenn sie hier ältere Menschen sehen, fragen: "Was hat dieser Mensch damals getan?"

*Charlotte Knobloch:* Ja, das war unser Thema.

- Das ist ein Lebensthema, das bleibt – mindestens, solange die Tätergeneration und die Generation, die darunter gelitten hat, noch auf dieser Erde sind. Das bleibt als Belastung für dieses Land bestehen.

*Charlotte Knobloch:* Das war eines unserer Hauptthemen, als wir nach dem Krieg unsere Auswanderungspläne ad acta gelegt haben, als wir uns dazu entschließen mussten, zunächst doch hier zu bleiben. Wir wussten nicht, wenn wir – z. B. auch beruflich, wie das bei meinem Mann dann häufig der Fall war – Deutsche neu kennengelernt haben, was diese im "Dritten Reich" gemacht hatten. Dieses Thema hat uns schon sehr belastet.

- Ihr Vater war ja ein sehr angesehener Rechtsanwalt, war später auch Senator und hat in Bayern im Zuge des Wiederaufbaus wirklich sehr viel bewirkt. Sie haben Ihrem Vater bei seinem Engagement geholfen: Ich habe gelesen, dass Sie zahlreiche Akten kopiert haben, die er bearbeitet hat, weil es ja noch keinen Fotokopierer gegeben hat ...

*Charlotte Knobloch:* Ich habe sie abgetippt!

- Sie haben das alles abgetippt und konnten z. B. auch sehr gut Stenografie, waren sogar Beste in Stenografie. Ich bewundere das, denn heutzutage kann das ja kein Mensch mehr. Aber Sie sind doch dabei auch auf Schicksale gestoßen, auf grausamste Vorgänge

in den KZs. Wie haben Sie denn als junges Mädchen darauf reagiert? Denn wahrscheinlich wird man ja doch erst nach und nach nicht nur das Ausmaß, sondern auch das grausame Vorgehen, das man im "Dritten Reich" den Menschen zugemutet hat, erkannt haben. Waren das also Akten, die Sie damals "locker" gelesen haben, oder hat das bei Ihnen etwas bewirkt?
*Charlotte Knobloch:* Schauen Sie, da wir damals keine Möglichkeit hatten, uns außerhalb unserer Wohnungen zu bewegen, waren die Treffpunkte von uns jüdischen Menschen zu Beginn der 40er Jahre die Wohnungen. Hauptsächlich fanden diese Treffen bei uns statt, weil mein Vater eben Anwalt bzw. noch Jurist war. Als Kind habe ich da miterlebt, wie die weinenden Menschen mit ihren Deportationsaufforderungen zu meinem Vater gekommen sind und immer wieder die Frage gestellt haben: "Gibt es irgendeine Möglichkeit, dass ich dem nicht Folge leisten muss?" Ich war ein Einzelkind und war deshalb immer bei den Erwachsenen, ich habe also diese Besuche immer mitbekommen. Wir wussten damals zu Beginn des Jahres 1942 bereits, dass bei den Transporten, die ins Baltikum gingen, alle Menschen vom Waggon aus direkt an die Grube geführt wurden. Das wussten diese Menschen, die zu uns kamen. Wenn Sie mich fragen, Herr Dr. Grotzky, woher sie das wussten, dann kann ich dazu Folgendes sagen: Ich habe das damals als Kind eben doch nicht so richtig mitbekommen und deswegen habe ich dann später meinen Vater gefragt, woher sie das damals wussten. Die Wachmannschaften bzw. diejenigen, die damit zu tun hatten, die also die Befehle ausgeführt haben oder die Befehle selbst gegeben haben, haben diese Einzelheiten z. B. ihren Familien mitgeteilt, ihnen geschrieben. Einige von denjenigen, die diese Briefe, diese Nachrichten erhalten haben, haben das dann jüdischen Menschen mitgeteilt. Mein Vater hat mir erzählt, dass sie den jüdischen Menschen gesagt haben: "Schaut, dass ihr wegkommt aus Deutschland! Denn so wird euer Schicksal aussehen!" Deswegen wussten alle, die damals diese Deportationsaufforderung bekommen haben, wie ihre Zukunft aussieht. Und nun zu Ihrer Frage. Das ist etwas, das mich absolut geprägt hat: diese

weinenden und verzweifelten Menschen und dann eben die Erklärungen meines Vaters. Danach konnte mich sozusagen nichts mehr schockieren.
- Der Antisemitismus ist ja nicht von den Nazis erfunden worden und er ist auch nicht mit den Nazis ausgestorben. Antisemitismus erleben wir bis heute weltweit immer wieder. Es gibt in Washington ein Museum, das ich sehr schätze, nämlich das Holocaustmuseum, in dem u. a. die Geschichte des Antisemitismus gezeigt wird: vom Mittelalter bis in unsere Tage. Da kann man Martin Luthers antisemitische Reden genauso nachlesen wie das, was nach dem Krieg in Kielce passiert ist, denn es gab 1946 in Polen gleich schon wieder ein Pogrom gegen Juden.
*Charlotte Knobloch:* Nicht nur eines!
- Das stimmt, es gab nicht nur eines, aber das war das Erste, das dokumentiert wurde. Bei diesem Pogrom wurden 40 Menschen umgebracht. Wie haben Sie selbst im Laufe der vielen Jahre den großen oder auch kleineren Antisemitismus erlebt? Wo ist er Ihnen begegnet? Ist er Ihnen begegnet, als Sie dann danach wieder in die Schule gingen? Bei der Arbeit, in der Begegnung mit den Menschen auf der Straße? Wo muss man Ihrer Meinung nach auch heute wachsam sein, um diesem Antisemitismus zu begegnen und ihn auch zu bekämpfen?
*Charlotte Knobloch:* Die jüngsten Vorfälle sind ein Zeichen für das Klima in der heutigen Gesellschaft, für das Klima, in dem die Akzeptanz des Judentums infrage gestellt ist. Der Antisemitismus bzw. die Judenfeindschaft hat mich natürlich in den ersten Jahrzehnten nach 1945 nicht direkt betroffen, denn wir hatten ja keinen Kontakt bzw. nur den notwendigsten Kontakt mit nichtjüdischen Menschen. Die Kinder sind in normale Schulen gegangen, man ging seinem Beruf bzw. seinen Geschäften nach, aber gesellschaftlich hatten wir ja nichts mit der nichtjüdischen Gesellschaft zu tun. Man hat selbstverständlich die Presse gelesen, das ist klar, und es hat ja auch schon bald wieder verschiedene antisemitische Ausfälle gegeben, auch in München. Aber man war davon eigentlich nicht wirklich betroffen. Wenn Sie mich nach meinen

ganz unmittelbaren persönlichen Erlebnissen fragen, dann muss ich sagen, dass ich davon erst dann direkt betroffen wurde, als ich mich dem politischen, dem jüdisch-politischen Leben zugewandt habe. Dadurch wurde es möglich – das ist noch nicht so lange her! –, dass man mich als jüdischen Menschen zwar nicht direkt angegriffen hat, aber man hat doch versucht, mich indirekt zu verunglimpfen. Das ist am Anfang z. B. dadurch passiert, dass man uns an das Auto irgendwelche Zettel steckte. Wir haben damals in Nymphenburg gewohnt und dort ist uns das passiert. Das ist dann vor allem auch den Kindern in der Schule passiert. Als meine jüngste Tochter am Ende ihrer Zeit am Gymnasium in die Kollegstufe gekommen ist, hat das bedeutet, dass es keinen Klassenverband mehr gibt. Also hat man alle diese Jugendlichen in der Aula versammelt und sie in die Kurse eingeteilt. Unter anderem ging es dabei um die Einteilung in die verschiedenen Religionen und Bekenntnisse. Meine Tochter sagte dabei, sie habe die jüdische Religion. Und da kam dann einer ihrer Mitschüler auf sie zu und sagte zu ihr: "Was, du bist Jüdin? Ich habe immer gedacht, ihr habt Hörner auf dem Kopf!" Verstehen Sie? Solche Dinge haben sich ereignet und sie ereignen sich bis zur heutigen Zeit. Heute kann man ja leider im Internet all diese schrecklichen Dinge lesen. Hinzu kamen dann "natürlich" noch die persönlichen Anfeindungen über den Postweg, per Telefon usw.
- Sie haben das Internet bereits erwähnt: Das Internet ist ein Tummelplatz für grausamsten Antisemitismus.
*Charlotte Knobloch:* Auf diese Weise wird die Jugend vergiftet. Genau das ist nämlich immer mein Thema: die jungen Menschen davor zu warnen, dass sie sich von niemandem vorschreiben lassen dürfen, wen sie zu lieben und wen sie zu hassen haben.
- Sie haben drei Kinder großgezogen, die alle sehr erfolgreich sind.
*Charlotte Knobloch:* Ja, Gott sei Dank.
Eine Tochter lebt in Israel, Ihr Sohn lebt hier und eine Tochter lebte zumindest in Paris. Ist sie noch dort?
*Charlotte Knobloch:* Ja, sie lebt noch in Paris.
- Was konnten Sie denn den Kindern mit auf den Weg geben,

damit sie ihre Identität auch selbstbewusst leben können? Waren Sie Eltern, Vater und Mutter, die zu ihnen gesagt haben: "Wir stehen zu euch durch dick und dünn, wir fördern euch und nun geht euren Weg!"?

*Charlotte Knobloch:* Wir haben ihnen in ihrer Kindheit und in ihrer Jugend immer das Gefühl gegeben, dass sie stolz sein können auf ihr Judentum, dass sie stolz sein können auf die jüdische Geschichte und dass sie auch stolz sein können auf die Menschen, die leider nicht mehr unter uns sind: Familienangehörige wie auch Freunde von uns. Es war uns sehr, sehr wichtig, dass sie gelernt haben, mit den Menschen, die sie kennenlernen und die sie noch nicht einschätzen können, auf Augenhöhe zu sprechen. Ich finde, das ist das Wichtigste für die Zukunft, und genau das haben wir auch immer versucht, ihnen zu vermitteln: den Respekt vor den Menschen, und diesen Respekt auf Augenhöhe zu zollen.

- Neben diesen drei wunderbaren Kindern haben Sie aber auch noch eine gigantische Leistung vollbracht, die im Volksmund inzwischen ein bisschen liebevoll-spöttisch "Charlottenburg" genannt wird. "Charlottenburg" in München ist nichts anderes, als das große Gemeindezentrum der Israelitischen Kultusgemeinde und diese schöne Synagoge mit dem Namen "Ohel Jakob", also "Zelt Jakobs". Das ist sicherlich eine ganz, ganz große Leistung. Und Sie haben ja auch eine ganze Weile ein herausragendes Amt bekleidet, denn Sie waren Präsidentin des Zentralrats der Juden in Deutschland. Es wurde immer darüber gerätselt, warum es heißt "der Juden in Deutschland" und nicht "der deutschen Juden". Ist das auch für Sie ein Thema gewesen?

*Charlotte Knobloch:* Ja, aber absolut, und ich bin auch nicht unbedingt auf positive Zuhörer in meinen eigenen Reihen gestoßen, als ich gesagt habe, dass das geändert werden müsste, weil das nicht mehr passend sei. Ich finde überhaupt: "Jüdische Deutsche", "deutsche Juden" – man sollte diese ganzen Begriffe mal ganz klar aussprechen und darstellen: Die Menschen haben die deutsche Staatsbürgerschaft, haben die jüdische Religion und sind also deutsche Juden. Das stößt momentan in meiner direkten Umge-

bung aber nicht so sehr auf Zustimmung. Wenn ich mir aber verschiedene Bücher so anschaue, die in jüngster Zeit neu herausgekommen sind, dann glaube ich zu sehen, dass das eben doch etwas ist, zu dem sich nun viele bekennen, weil sie das deutsche Judentum hier als Zukunft sehen.
- Es gibt sicherlich eine Zukunft für das Judentum in Deutschland. Das liegt einerseits an der starken Immigration: Sie haben große Integrationsarbeit geleistet bei der Zuwanderung von Juden aus Osteuropa, namentlich aus der Sowjetunion. Mir fällt in jüngerer Zeit noch etwas anderes auf, und das wäre zumindest aus meiner Sicht doch etwas sehr Versöhnliches: Ich erlebe nämlich immer mehr Studenten bei mir, die aus Israel kommen und mal hier in Deutschland studieren wollen. Ich ermuntere andererseits die deutschen Studenten, auch mal nach Israel zu gehen. Ist das etwas, von dem Sie sagen: "Ja, so kann es weitergehen!"?
*Charlotte Knobloch:* Ja, absolut. Die Globalisierung hat sich eben auch in diesem Bereich sehr stark durchgesetzt. Es gibt Israelis, die zu uns kommen, während unsere Kinder wiederum ebenfalls zum Studium ins Ausland gehen, was heutzutage ja sehr wichtig ist. Ja, ich sehe es in der Tat als positives Zeichen für die Zukunft an, dass es heute diesen massiven Austausch gibt und dass dieser Austausch noch weiter ausgebaut wird.
- Trotz vieler Dinge, die noch zu bewältigen sind, wollen wir mit diesem positiven Ausblick unsere Sendung beenden.

# Prof. Dr. Jutta Limbach

Präsidentin des Bundesverfassungsgerichts und des Goethe-Instituts a.D.[8]

- Grüß Gott und herzlich willkommen, verehrte Zuschauerinnen und Zuschauer, heute mit Jutta Limbach als Gast, zuletzt Präsidentin des Goethe-Instituts, davor Präsidentin des Bundesverfassungsgerichts, davor Senatorin für Justiz in Berlin und davor Professorin an der Freien Universität Berlin. Frau Limbach, herzlich willkommen. Es hätte doch auch alles ganz anders kommen können. Wenn ich mir einen frühen Berufswunsch von Ihnen vorstelle, dann säßen Sie möglicherweise an meiner Stelle, wären Redakteurin im Ressort Politik und würden Interviews führen. Warum ist das nicht eingetreten?

*Jutta Limbach:* Das war tatsächlich mein Berufswunsch, als ich das Abitur machte. Ich war davor nämlich für ein Jahr Chefredakteurin unserer Schülerzeitung "Der springende Punkt" gewesen, die noch heute die Zeitung des Goethe-Gymnasiums ist. In dieser Zeit hatte ich also den Wunsch, politische Redakteurin zu werden. Man hatte mir empfohlen, dann sinnvollerweise Staatsrecht zu studieren, denn davon müsste eine politische Redakteurin etwas verstehen. Ich kam also an die juristische Fakultät – und mir gefiel es dort. So bin ich dann bei der Jurisprudenz geblieben.

- Sehr erfolgreich, wie wir wissen. Über Sie ist ja viel publiziert worden und Sie haben auch selbst vieles publiziert. Unter anderem habe ich von Ihnen eine sehr lesenswerte persönliche Biografie entdeckt. Ihr Elternhaus spielt darin eine sehr große Rolle. In

---

[8] Erstausstrahlung am 31.03.2009

Ihrer Familiengeschichte gab es nämlich starke Frauenfiguren: Wie weit sind Sie selbst von diesen Frauenfiguren wie zum Beispiel der Großmutter oder der Urgroßmutter geprägt worden? Was waren das für Menschen?

*Jutta Limbach:* Das waren wirklich sehr tüchtige Frauen. Meine Urgroßmutter war Pauline Staegemann, die im 19. Jahrhundert als eine soziale denkende Frau in der Politik in Berlin durchaus eine Rolle gespielt hat. Sie hat damals zusammen mit Emma Ihrer in Berlin den ersten "Verein zur Wahrung der Interessen der Arbeiterinnen" gegründet. Das war eine Vereinigung, die die Aufgabe des Rechtsschutzes hatte: Frauen, die im Gesinde, also als Hausangestellte arbeiteten – um diese Frauen ging es vielfach –, bekamen manchmal, wenn sie aus irgendwelchen Gründen entlassen wurden, keine Zeugnisse usw. Dafür haben sich dann eben meine Urgroßmutter und andere eingesetzt. Sie hatte eine nicht weniger politikinteressierte Tochter, nämlich meine Großmutter Elfriede Ryneck, die Mitglied der Weimarer Nationalversammlung gewesen ist und später wiederholt in den Reichstag und zum Schluss auch in den Preußischen Landtag gewählt worden ist. Sie war auch viele Jahre lang Mitglied im Vorstand der Sozialdemokratischen Partei Deutschlands.

– Das heißt, das Elternhaus hat Ihnen eine sozialdemokratische politische Prägung mitgegeben. Sie selbst sind dann ja mit dem juristischen Abschlussexamen ebenfalls in die SPD eingetreten. Taten Sie das mit dem Ziel, selbst auch politisch aktiv zu werden? Oder wollten Sie damit sozusagen nur politisch Flagge zeigen?

*Jutta Limbach:* Im Jahr 1962 war es zuallererst der Wunsch, mich politisch zu bekennen und einer Partei anzugehören, der bereits meine Urgroßmutter, meine Großmutter und auch meine Eltern angehört hatten. Zu dieser Zeit habe ich nicht so sehr daran gedacht, selbst in die Politik zu gehen. Ich bin sozusagen eine ziemlich spätberufene Politikerin, wenn Sie daran denken, dass ich bereits 55 Jahre alt war, als ich schließlich Senatorin für Justiz des Landes Berlin geworden bin. Aber ich habe mich, das sei durchaus hinzugefügt, in meiner Laufbahn als Hochschullehrerin schon auch hochschulpolitisch betätigt. Es blieb einfach gar nicht aus in dieser Zeit Ende der 60er Jahre und während der ganzen 70er Jahre, dass man sich politisch engagierte, dass man sich vor allem auch dafür einsetzte, dass der Fächerkanon der Juristen etwas erweitert wurde, zum Beispiel um die Rechtssoziologie. Das war etwas, wofür ich mich zusammen mit Kollegen hochschulpolitisch eingesetzt habe. Ich bin dann später auch Mitglied des Senats unserer Hochschule gewesen. Sozusagen auf kleiner Flamme war ich also auch während meiner Zeit als Professorin politisch tätig.

- Bevor wir zu ihrer wissenschaftlichen Laufbahn kommen, würde mich noch eine andere Sache interessieren. Ich habe gelesen – ich hoffe, das stimmt auch tatsächlich so –, dass Sie selbst eine reformpädagogische Schulfarm besucht haben. Das klingt ein bisschen nach Summerhill und antiautoritärer Erziehung. Was verbarg sich denn dahinter?

*Jutta Limbach:* Ein klein bisschen war es auch so. Die Schulfarm Scharfenberg war eine Reformschule auf einer Insel des Tegeler Sees in Berlin. Diese Insel heißt Scharfenberg und stellt ein recht besonderes Biotop dar: Wilhelm Blume, der Gründer dieser Schule, hatte den Ehrgeiz, polytechnisch auszubilden, also nicht nur geisteswissenschaftliche Fächer zu vermitteln, sondern auch handwerkliche Fähigkeiten wie zum Beispiel in der Tischlerei, im Schmiedehandwerk usw. Für uns Mädchen hat das damals bedeutet, dass auch noch Handarbeit und Schneiderei eine Rolle spielten. Und wir haben vor allem auch die wenigen Felder dort auf dieser Insel selbst bewirtschaftet: Man musste also auch während der Ferien eine Woche lang zurückkommen nach Scharfenberg, um das an Feldarbeit zu leisten, was die Jahreszeit gerade erforderte. Das war eine wunderbare Schule. Mein Vater hatte bereits davon geträumt, auf diese Schule gehen zu dürfen. Bei ihm hat das aber nicht geklappt. Aber wie Eltern nun einmal so sind: Er verwirklichte das dann bei seinen Kindern. So ging also zunächst mein Bruder auf diese Schule – und später dann auch ich.

- Würden Sie im Nachhinein sagen, dass Sie dort etwas mitbekommen haben, was Sie in einer "normalen" Schulausbildung nicht erfahren hätten?
*Jutta Limbach:* Doch, das denke ich schon. Denn ich habe vorhin unterschlagen, dass wir auch im künstlerischen Bereich, also zum Beispiel im Theaterspiel, in der Musik, im Tanz eine Menge miteinander betrieben und gelernt haben. Ich habe damals zum Beispiel die Ode "An die Freude" zusammen mit den anderen Klassenkameraden gewissermaßen im Chor aufgesagt, dabei saßen wir meinetwegen draußen auf einer im Wasser liegenden Weide. Ja, das waren doch Erlebnisse, die mich in ganz besonderer Weise mit der Literatur, insbesondere mit der deutschen Literatur verbunden haben.
- Das ist ganz sicher ein wesentlicher Punkt, der auch in unserem Gespräch später noch eine Rolle spielen wird, nämlich der Punkt "Literatur und Sprache", der ja in Ihrem beruflichen Leben einen besonderen Abschluss bildete. Zunächst einmal folgte aber bei Ihnen nach dem Studium eine sehr geradlinige wissenschaftliche Karriere. Wenn ich mal für einen Moment von mir sprechen darf: Wir Geistes- und Kulturwissenschaftler haben solche Karrieren gerne bespöttelt. Bei Ihnen sah das nämlich wie folgt aus: Staatsexamen 1966, Promotion 1971, Habilitation 1972, kurz darauf Ihre erste Berufung. Aber wir haben solche Laufbahnen in ihrer Geradlinigkeit natürlich schon auch beneidet. Ich frage mich nun, ob diese ganzen studentischen Unruhen, die ja im Grunde genommen bereits 1967 begonnen haben, während Ihrer Ausbildungszeit an Ihnen spurlos vorbeigegangen sind?
*Jutta Limbach:* Nicht im mindesten! Sie müssen zuerst einmal bedenken, dass das, was so geradlinig aussieht, bei einer Frau – und in diesem Fall sogar bei einer Familie mit drei Kindern – so geradlinig nicht vonstatten ging. Meine Kollegen haben damals gelegentlich so hübsch ironisch gesagt: "Erst schreibt sie eine wissenschaftliche Arbeit und dann macht sie ein Werk mit Hand und Fuß." Das ist hübsch gesagt, verdeckt aber ein wenig das Problem, das damit verbunden war. Hinzu kam in der Tat noch diese

unruhige Zeit der außerparlamentarischen Opposition, die sich ja insbesondere in der Studentenschaft niedergeschlagen hat. Ich war damals ja noch eine ganz junge Wissenschaftlerin und war gerade erst dabei, mich zu promovieren. Promoviert und habilitiert habe ich mich tatsächlich in dieser unruhigen Zeit. Gewisse Plätze in Westberlin sehe ich bis heute mit einem gewissen Lächeln, zum Beispiel eine kleine Dorfschule in Zehlendorf, weil ich während eines großen Streiks dort meine Vorlesung über das Bereicherungsrecht vor drei mir treu gebliebenen Studentinnen und Studenten gehalten habe.

- Die anderen haben gestreikt und sind nicht gekommen.

*Jutta Limbach:* Ja, die haben gestreikt. Das Ganze war nicht nur mit viel Unterrichtsausfall verbunden, sondern die Studentenschaft war auch in einer ganz anderen Art und Weise kritisch und darauf erpicht, dass die Hochschullehrer nicht in neutraler Haltung ihren Stoff vortrugen, sondern dass sie zu den Fragen, die die Studenten beschäftigten, auch Stellung bezogen. Wichtig war den Studenten vor allem, dass diese alte Ordinarienuniversität beendet wurde, bei der der Professor noch hoch oben thronte – denn das waren ja doch zumeist Männer und nicht Frauen – und so völlig unnahbar war, dass man ihm nicht mal eine Frage stellen konnte und schon gar nicht sagen konnte: "Halt, ich habe überhaupt nicht verstanden, was Sie da erzählen!" Als ich dann Professorin wurde, war das alles bereits völlig verändert: Ich bin in einer ganz anderen Art und Weise von den Studentinnen und Studenten herausgefordert worden. Das musste man erst einmal schwer atmend überhaupt packen. Das hat mich damals wirklich gestählt. Der akademische Unterricht hat mir dann später auch einen riesengroßen Spaß gemacht. Vielleicht ist mir auch zugute gekommen, dass ich Mutter von drei Kindern war und eh nicht so schnell durch die Frechheiten junger Leute zu ängstigen war.

- Sie haben damals schon auch eine besondere Rolle gespielt, denn Sie sind in einer Zeit Professorin geworden, als die Frauen noch sehr unterrepräsentiert waren auf den Lehrstühlen der Universitäten. Auch heute sieht es an den deutschen Universitäten diesbezüglich nicht ganz so toll aus. Gleichzeitig hatten Sie aber auch Familie. Ein ganz klein wenig würde ich schon gerne intim werden und fragen wollen: Wie sah denn die Arbeitsteilung aus zwischen Ihrer Rolle als Mutter – bzw. der Rolle von Vater und Mutter gegenüber den Kindern – und dieser Karriere? Wie haben Sie das unter einen Hut bringen können?

*Jutta Limbach:* Man muss schon sehr entschlossen sein und diszipliniert. Das gilt für beide Eheleute. Ich hatte das große Glück, dass ich einen Mann hatte, der es selbstverständlich fand, dass ich in gleicher Weise wie er berufstätig sein wollte. Das verlangt natürlich schon ein gewisses Maß an Organisationsfähigkeit. Zu Beginn – wirklich nur für kurze Zeit – haben wir noch die Großeltern etwas ausgebeutet. Aber dann haben wir uns gesagt, dass das nicht richtig sein kann, und so haben wir ein Kindermädchen eingestellt. Unsere Kinder haben auf diese Weise mehrere Frauen lieben gelernt. Sie hängen z. T. noch heute an diesen Kindermädchen. Wir haben uns dann zu dritt – also mein Mann, das Kindermädchen und ich – sowohl in Berlin wie auch später in Bonn die Arbeit geteilt. Ich glaube, dass das unsere Umwelt als ein viel problematischeres Verhältnis angesehen hat als wir, als die betroffenen Eltern und unsere Kinder. Gewiss, zu Anfang war man noch unsicher, aber nach einiger Zeit sahen wir doch, wie herrlich sich das alles einspielte: Am Morgen übernahm das Kindermädchen die Kinder und am Abend, wenn wir beide zurückkamen, wanderten sie dann beglückt bei uns von dem einen Arm auf den anderen. Ich will das im Nachhinein nicht verklären, denn es gab auch durchaus schwierige Situationen. Als ich etwas entfernt von meiner Familie gearbeitet habe, kam es schon mal vor, dass das eine oder andere Kind dachte: "Ach, es wäre doch schön, wenn Mutter etwas näher wäre, wenn sie doch hier wäre!" Das leugne ich überhaupt nicht. Aber wenn ich mir zum Vergleich vorstelle, was Kinder mitunter erlebt haben, deren Mutter zu Hause geblieben ist, dann bin ich mir nicht sicher, ob nicht doch unsere Kinder den besseren Part hatten.

## Jutta Limbach

– In Ihrem Leben trat dann aber doch eine erhebliche Zäsur ein, als Sie in die aktive Politik gingen. 1989 bis 1994 waren Sie in Berlin Senatorin für Justiz in zwei Koalitionen: zunächst war das eine rot-grüne und dann eine große Koalition. Diese Zeit damals war ja geprägt von vielen komplizierten Fragen, vor allem aber ist die Zeit geprägt vom Zusammenbruch der DDR und der Wiedervereinigung. Sie haben sich damals an der Front von vielen Entscheidungen diesbezüglich befunden. Wie beurteilen Sie aus der heutigen Erfahrung unseren Umgang mit den Folgelasten der DDR, mit dem, was wir vielleicht als Unrecht bezeichnen, mit der Frage, wen man für was in welchem Umfang zur Verantwortung ziehen musste? Sind wir denn inzwischen einig, wie wir damit umzugehen haben? Den Fall Honecker will ich hier mal ausklammern. Gab es nicht doch das Problem, dass sich zu viele Rechtsanwälte und Staatsanwälte entlasten konnten, weil sie sagten, dass sie ja nur innerhalb des gesetzlichen Rahmens der DDR gehandelt hätten? Sind hier also Ihrer Meinung nach Recht und Gerechtigkeit in irgendeiner Weise in Konflikt miteinander geraten?

*Jutta Limbach:* Das ist häufig geschehen und ich erinnere diese Zeit nach 1989 als eine Zeit, in der das, was ich als Privatperson dachte und fühlte, manchmal sehr wohl in Widerspruch zu dem stand, was ich als Justizsenatorin meinte, für richtig halten und dann auch dementsprechend entscheiden zu sollen. Heute, in der Rückschau, würde ich nicht sagen, dass wir alles bestens gemacht haben. Was mich vor allem verwundert hat, und das ist ein Vorwurf, der sicherlich auch an mich selbst gerichtet ist: dass wir so unvorbereitet in diese Wiedervereinigung gegangen sind! Zuerst einmal waren wir alle wahnsinnig euphorisch und hatten eigentlich nicht die mindeste Absicht, irgendjemandem große Vorwürfe zu machen. Je mehr sich jedoch für uns in Berlin die Mauer öffnete, denn in Berlin lagen ja doch Ost und West dicht beieinander, desto deutlicher wurde mir durch Briefe, durch Gespräche, in welchem Maße die Bevölkerung der ehemaligen DDR auch auf Gerechtigkeit wartete, darauf, dass solche Leute wie Honecker,

Krenz und vor allem auch Mielke zur Verantwortung gezogen werden. Als wir dann auch noch die Möglichkeit hatten, in den Gefängnissen des Ostens die Akten zu lesen – und diese Akten kamen dann ja zu Tausenden in die Berliner Justizverwaltung –, als wir lasen, wegen welcher Lächerlichkeiten hohe, schwere Strafen ausgesprochen worden waren, änderte sich bei uns die Einstellung dazu. Dazu kommt ja noch, dass wir uns das Gefängniswesen der DDR gar nicht mehr vorstellen können. Aber einige von uns haben ja vielleicht doch Kempowski und andere gelesen und wissen daher, wie man dort im Gefängnis gewissermaßen vegetierte. Aus diesem Grund können auch wir uns den Zorn der Menschen in der ehemaligen DDR gut vorstellen. Dieses Wissen hat auch durchaus uns selbst beeinflusst, die wir diese Entscheidungen zu treffen hatten: nämlich erstens die Entscheidung, ob wir dieses Unrecht strafrechtlich verfolgen oder nicht, und zweitens die Entscheidung, welche der Staatsanwälte und Richter wir in unser Rechtssystem übernehmen. Dieses Wissen um das Unrecht hat also auch bei uns eine große Rolle gespielt. Meine anfängliche Großmut diesbezüglich ist dann sehr schnell verflogen. Berlin hatte natürlich den großen Vorzug, dass wir ein funktionierendes Justizsystem hatten und in dieser Zeit die Richter des Westteils der Stadt in Patenschaften – "ein Gericht für das andere!" – die Arbeit, die im Osten der Stadt anfiel, mit übernommen haben. Das ist etwas, was ich noch heute für richtig halte. Etwas anderes und durchaus etwas Kritikwürdiges – obwohl wir meiner Meinung nach keine echte Alternative hatten –, ist, dass wir unser Währungssystem und unser Rechtssystem eigentlich von heute auf morgen übergestülpt haben. Auf diese Weise haben wir die Menschen in der ehemaligen DDR mit einem Rechtsstoff und auch mit einer Art von politischer Verfahrensweise konfrontiert, der sie nicht gewachsen waren.

- Das führt natürlich genau zu diesem Kernpunkt, der ja bis heute in der DDR diskutiert wird und der auch meine Generation bis heute beschäftigt: Die Wiedervereinigung geschah damals über ein Beitrittsverfahren der DDR zur Verfassung der Bundesrepublik. Ich hätte mir vorstellen können, das bekenne ich ganz freimütig, dass man in dieser Zusammenführung beider Staaten mit neuen Verfassungssymbolen, mit einer neuen gesamtdeutschen Verfassung – auch konkret mit einer neuen Hymne – einen neuen Staat hätte machen können. War das rechtlich und politisch ausgeschlossen?

*Jutta Limbach:* Rechtlich war das gewiss nicht ausgeschlossen, aber politisch sehr wohl. Es war ja nicht so – das vergessen wir manchmal –, dass dieser Druck aus dem Westen gekommen wäre. Denn hier im Westen haben ja durchaus etliche Menschen über einen "dritten Weg" oder etwas Ähnliches nachgedacht. Nein, dieser Druck, diesem bundesrepublikanischen System möglichst unmittelbar beizutreten, kam viel mehr aus den neuen Ländern. Es mag sein, dass die ehemalige politische Elite der DDR anders gedacht hat, aber die große Mehrheit der Bevölkerung in der DDR wollte unter die Ägide des Grundgesetzes kommen, wollte die D-Mark haben, wollte all die anderen Möglichkeiten haben, die wir im Westen bereits lange vor ihnen hatten. Das ist eine Einstellung, die meiner Meinung nach nur zu verständlich ist. Ich kann mich noch gut daran erinnern, wie wir hier doch etwas abgehoben über einen dritten Weg nachgedacht haben – auch wir im Berliner Senat. Das ging so lange, bis uns der Rechtsanwalt Vogel, der ja zu Zeiten der Existenz der DDR den Austausch von Gefangenen von einem deutschen Staat in den anderen vermittelt hat, gesagt hat: "Ihr glaubt gar nicht, welch ein Druck aus der DDR kommen wird, so unversehens wie möglich sich der Bundesrepublik anzuschließen."

– Sie sagten soeben, wir seien nicht ausreichend vorbereitet gewesen. Meine Information ist, dass selbst der Bundesnachrichtendienst in seinen Einschätzungen bis zum Schluss immer von einer relativen Stabilität der DDR ausgegangen ist. Ich erinnere mich sogar an einen sehr engagierten Kommentar von Theo Sommer, dem hoch geschätzten Chefredakteur und dann Herausgeber der Wochenzeitung "Die Zeit", der in "Newsweek" nur wenige Wochen vor dem Zerfall der DDR geschrieben hat, dass die DDR eine jahrzehntelange weitere Option haben wird. Das heißt, wir haben eigentlich alle falsch gelegen. Woran lag das?

*Jutta Limbach:* Wir haben alle geglaubt, dass sich die DDR allmählich zu so etwas wie einer moderaten Diktatur entwickeln würde. Denken Sie nur einmal an diesen Schlager von Udo Lindenberg "Sonderzug nach Pankow", den damals alle mit Begeisterung mitgesungen haben. Wir haben selbst im Berliner Senat darüber nachgedacht, ob man nicht mit den Kollegen auf der anderen Seite der Stadt konferieren sollte, ob nicht Walter Momper, der damalige regierende Bürgermeister, mit dem Bürgermeister des Ostteils der Stadt konferieren sollte. Wir haben uns wirklich eine falsche Vorstellung von der politischen Situation in der DDR gemacht. Auch hier müssen wir wahrscheinlich unterscheiden zwischen dem, was die kulturelle Elite der DDR dachte, und dem, was andere Menschen in der DDR dachten. Denken Sie nur einmal an den 4. November, an Christa Wolf und ihre Aussage: "Ich wünsche mir einen menschlichen Sozialismus. Und keiner rennt mehr weg!" Da war also durchaus Hoffnung vorhanden, dass sich diese DDR aus eigener Kraft so ganz allmählich zu einer wirklichen Demokratie entwickeln könnte. Dass auch wir das geglaubt haben, war eine grenzenlose Naivität, die uns dann ja auch von vielen Menschen der ehemaligen DDR vorgeworfen wurde, auch von vielen, die dann später Mitglied der SPD geworden sind: Sie hatten wenig Verständnis für unsere Politik der Annäherung gehabt.

- Das stimmt. Nun hat es dann ja auch in anderen Ländern große Umbrüche gegeben. Wir hier in Deutschland hatten den Vorteil, dass wir sozusagen im Huckepack-Verfahren westliches Know-how in deutscher Sprache in die DDR transportieren konnten in den Bereichen Administration, Justiz, Richterwesen usw. Ich muss ja nur einmal daran denken, wie schwer sich damals solche Länder wie Bulgarien, Rumänien oder Polen getan haben, dies aus eigener Kraft zu schaffen. Interessanterweise haben in diesen Ländern deutsche Rechtssprechung, deutsches Rechtswesen, deutsches Verfassungsrecht nach der Wende noch eine große

Rolle gespielt. Verbunden damit ist zunächst einmal Ihre Berufung an die Spitze des Bundesverfassungsgerichts. Sie waren zuerst ganz kurz Vizepräsidentin und dann wurden Sie Präsidentin. Sie wurden oft fälschlicherweise als oberste Richterin bezeichnet. Sie saßen jedoch "nur" einem Senat vor, aber als Repräsentantin waren Sie eben die oberste Frau. Sie waren in diesem Amt auch die erste Frau in der Geschichte. Das Bundesverfassungsgericht war bzw. ist immer noch für viele von uns im Grunde genommen ein Buch mit sieben Siegeln. Sie habe sich jedoch um Öffnung bemüht. Ich habe nachgelesen, dass Sie Bürgertage eingeführt haben, Tage der offenen Tür usw. Sie haben auch einen Pressesprecher eingeführt, genauer gesagt eine Pressesprecherin. Was hat das Ihrer Meinung nach gebracht?

*Jutta Limbach:* Ich denke, dass das dazu geführt hat, dass die Bevölkerung – jedenfalls derjenige Teil, der daran interessiert war, was im Bundesverfassungsgericht geschieht – etwas mehr davon verstanden hat, was Verfassungsrecht bedeutet und Grundrechte und Grundrechtsschutz usw. Dafür hatten sich früher vielleicht nur sehr wehrbereite Staatsbürger interessiert. Aber so ist es, wie ich meine, der Bevölkerung allmählich deutlicher geworden, dass hier ein fünftes Verfassungsorgan am Werke ist, ein Verfassungsorgan, das sich ebenfalls einer Zeit der Diktatur verdankt. Denn in der Mehrzahl aller ehemaligen Diktaturen hat sich auf deren Weg in die Demokratie auch eine Verfassungsgerichtsbarkeit etabliert. Denn gerade am deutschen Beispiel zwischen 1933 und 1945 hat man die Erfahrung gemacht, dass sich eine Demokratie ohne einen wirksamen Grundrechtsschutz nicht bewahren lässt. Und in ganz kleinen Schritten zeigt sich das auch heute. Es gab innerhalb der Bundesrepublik immer auch krisenhafte Entwicklungen – gerade nach dem 11. September 2001. Auch von allen anderen westlichen Demokratien ist ja dieser fanatisierte terroristische Anschlag als eine große Krise erlebt worden – und wird immer noch als große Krise erlebt. Die Gefahr, dass man dann in so einer Situation Grundrechte, Freiheitsrechte preisgibt, um terroristischen Anschlägen vorbeugen zu können, ist einfach sehr groß. Ich finde, dass das Bundesverfassungsgericht – das kann ich ja heute ruhig sagen, weil ich seit sechs Jahren nicht mehr Mitglied dieses Gerichts bin – gerade in den Jahren, die diesem Ereignis folgten, sehr schön deutlich gemacht hat, dass man auch in solchen Krisenzeiten die Grundrechte, die Freiheitsrechte und auch die Justizgrundrechte der Beschuldigten nicht in Frage stellen darf, sondern garantieren muss.

- Ich habe mir in Bezug auf den Auftrag des Bundesverfassungsgerichts noch einmal den dabei wesentlichen Satz abgeschrieben: "Die Entscheidungen des Bundesverfassungsgerichts binden die Verfassungsorgane des Bundes und der Länder sowie alle Gerichte und Behörden." Das ist also eine sehr machtvolle Einrichtung. Sie haben soeben begründet, warum sie so wichtig ist: Ihre Aufgabe besteht in der Tat darin, grundgesetzliche Freiheiten zu bewahren, damit sie nicht von der Politik eingeschränkt werden. Auf der anderen Seite wundere ich mich aber – ich bin Laie und kein Jurist, muss das also auch laienhaft und sehr einfach ausdrücken –, wie doch recht häufig Institutionen und auch die Politik zum Verfassungsgericht laufen und sagen: "Jetzt bist du an der Reihe!" Sei es der Kopftuchstreit oder die Studiengebühren oder die Verfasstheit des öffentlich-rechtlichen Rundfunks und dessen Entwicklungs- und Bestandsgarantie usw.: Solche Dinge könnte doch eigentlich die Politik aus eigener Kraft gesetzlich entscheiden. Und diese Entscheidungen müssten dann doch Bestand haben. Warum also dieses häufige Laufen zum Bundesverfassungsgericht?

*Jutta Limbach:* Nun, ich denke, dass sich die Konflikte rascher ereignen, als der Gesetzgeber wirklich arbeiten kann. Vielfach kann man nämlich nicht zuwarten, bis der Gesetzgeber ein Problem tatsächlich entscheidet, ein neues Gesetz schafft. Es ist ja auch klar, dass immer dann, wenn Änderungen des Grundgesetzes in Rede stehen, die verschiedenen Parteien versuchen, auch noch andere Träume, die sie bereits seit Jahrzehnten haben, ebenfalls Verfassungsrecht werden zu lassen. Das führt dazu, dass dieser Prozess der Fortentwicklung des Grundgesetzes sehr schwerfällig ist. Ich denke, es ist auch etwas anderes, ob diese ein wenig vom politischen Tagesgeschehen abgehobenen Richter und Richterinnen einen Verfassungsrechtskonflikt entscheiden oder ob man das einem mehr oder minder zerstrittenen Parlament überlässt. Das Bundesverfassungsgericht hat ja auch den Vorzug, dass es über das Instrumentarium intensiv nachdenken kann. Nicht umsonst sitzen in jedem der beiden Senate des Bundesverfassungsgerichts auch jeweils drei Bundesrichter mit dabei, die von Verfahrensrecht etwas verstehen. Ich denke, einige Änderungen oder auch Fortschreibungen des Grundgesetzes, die wir dem Bundesverfassungsgericht verdanken, haben etwas mit dieser besonderen Kompetenz, mit diesem besonderen Rechtsverständnis zu tun, das sich immer auch auf die Staatsrechtslehre verlassen kann. Diese denkt sozusagen immer mit, wie eine Konfliktsituation zum Beispiel im Hinblick auf die Bedeutung der Computer vernünftig zu lösen ist, eine Konfliktsituation, die unsere Mütter und Väter des Grundgesetzes gar nicht voraussehen konnten.

- Das macht mich jetzt ein bisschen verlegen. Denn ich hätte erwartet, dass sich auch der Gesetzgeber beim Gesetzgebungsverfahren verfassungsrechtliche Kompetenz ins Parlament holt, damit die beschlossenen Gesetze auch wirklich "wasserdicht" sind. Das, was Sie jetzt aber gesagt haben, zeigt, dass beim Bundesverfassungsgericht eine tiefergreifendere, höhere Kompetenz angesiedelt ist. Das kann ja auch zu einem Widerspruch werden.

*Jutta Limbach:* Letztlich ist das ein Prozess, bei dem sich die Dinge gegenseitig bedingen. Es geht nämlich keinesfalls darum, die verfassungsrechtlichen Kompetenzen des Bundestags gering zu schätzen oder einzuschränken. Es wird ja auch nie bzw. nur ganz, ganz selten ein ganzes Gesetz für verfassungswidrig erklärt. Es sind immer nur einzelne Normen, die mitunter nicht das Plazet des Bundesverfassungsgerichts bekommen. Vor allem in jüngster Zeit hat das Bundesverfassungsgericht dem Gesetzgeber klar gemacht, dass er, wenn er mit Rücksicht auf die Bedrohung durch den Terrorismus Einschränkungen vornehmen will, das wirklich nur in gravierenden Fällen machen darf, also bei schwerwiegenden Verbrechenstatbeständen.

- Ich würde gerne noch einmal auf den Begriff "Rechtstransfer" zurückkommen, den Sie bei der deutschen Wiedervereinigung erwähnt haben. Ich habe 13 Jahre lang in Ost- und Südosteuropa gearbeitet und schon in der Sowjetunion fiel mir auf, dass dort oft juristische Lehrbücher – selbstverständlich ohne das Copyright zu berücksichtigen – übersetzt und an den Universitäten benutzt wurden. Später ist mir in Rumänien, in Bulgarien, in Tschechien usw. aufgefallen, dass immer wieder auf deutsches Verfassungsrecht rekurriert wurde: Das heißt, man hat versucht, von uns etwas zu lernen. Ist daraus eine Erfolgsgeschichte geworden, hat tatsächlich ein Transfer stattgefunden? Haben Sie so etwas beobachtet?

*Jutta Limbach:* Ich denke schon. Der hat aber nicht erst beim Bundesverfassungsgericht stattgefunden, sondern der hat bereits beim Text des Grundgesetzes angefangen, denn das Grundgesetz hat sich tatsächlich als ein "Exportschlager" erwiesen. In fast allen Staaten des ehemaligen Ostblocks waren dann auch Verfassungsrichterinnen und -richter am Werke, die mit den dortigen Politikerinnen und Politikern Verfassungen formuliert haben. Nicht nur während meiner Zeit, sondern schon bei meinem Vorgänger Roman Herzog und jetzt auch bei meinem Nachfolger Hans-Jürgen Papier gab und gibt es intensive Kontakte diesbezüglich: Das Bundesverfassungsgericht hat intensive Kontakte mit fast allen Verfassungsgerichtshöfen und mitunter auch mit obersten Gerichten, die verfassungsrechtliche Fragen entscheiden. Wir waren vielfach wirklich als Geburtshelfer mit engagiert. Ich kann mich zum Beispiel daran erinnern, dass Kolleginnen und Kollegen in die ehemaligen sowjetischen Republiken gereist sind, um dort mit den zuständigen Stellen Wahlrechtsfälle zu diskutieren. Auch die allmähliche Ausformulierung des Sozialstaates in Deutschland durch das Bundesverfassungsgericht und durch die oberen Bundesgerichte hat dort immer wieder großes Interesse gefunden. Das hätte man dort am liebsten sofort alles per Rucksack übernommen, aber das musste dann doch mit Rücksicht auf die dortigen wirtschaftlichen Verhältnisse zuerst einmal angepasst werden. Das hat also alles eine große Rolle gespielt und spielt im Grunde genommen noch heute eine große Rolle.

- In Ihrer letzten offiziellen Funktion konnten Sie dann diese internationalen Auswirkungen sehr gut beobachten: Sie wurden nämlich im Jahr 2002 Präsidentin des Goethe-Instituts, das damals noch mit Inter Nationes fusioniert war. Heute heißt das, glaube ich, wieder nur Goethe-Institut. Der Schwerpunkt der Arbeit des Goethe-Instituts ist natürlich die Vermittlung deutscher Kultur und Sprache ins Ausland. Sie haben nun, wie ich finde, etwas sehr Witziges getan. Sie haben sich mit einem Buch bedankt für diese Tätigkeit, die Sie sechs Jahre ausgeübt haben. Sie schreiben in diesem Buch: "Dieses Buch ist als ein bescheidener Dank für das schönste Ehrenamt gedacht, das die Bundesrepublik Deutschland zu vergeben hat." Unterschrieben ist dieser Satz mit "Jutta Limbach, Präsidentin des Goethe- Instituts". Dieses Büchlein trägt den schönen Titel "Hat Deutsch eine Zukunft? Unsere Sprache in der globalisierten Welt". Das ist ja vor allem auch bei uns in den Medien ein großes Thema angesichts des Internets, angesichts der Anglizismen, die wir alle kennen usw. Deutsch spielt schon auch eine wichtige Rolle, aber Englisch wird zum Beispiel auch hier bei uns im Land in einigen Studiengängen als Verkehrssprache eingeführt. Einer meiner Söhne ist naturwissenschaftlich orientiert: Viele Vorlesungen und Übungen werden nur noch in Englisch abgehalten. Ein anderer Sohn von mir arbeitet in einem internationalen Konzern: Auch dort ist Englisch die Verkehrssprache. Wir selbst sind eine deutsch-amerikanische Familie. Meine Kinder können bitter darüber lachen, wenn hier in Deutschland irgendwelche sogenannten Kids von einem "bodybag" sprechen und meinen, das sei ein Rucksack. Meine Kinder wissen, dass das ein Leichensack ist. Wir lachen darüber, wenn jemand aus Deutschland zum Beispiel in die USA fährt und dort vom Handy spricht, denn das gibt es dort nicht. Dort nennt man das ein "cell phone". Das heißt, es gibt auch viele Verballhornungen bei uns. Wie lautet also Ihre Antwort auf diese schöne Frage, ob Deutsch eine Zukunft hat? Sind wir mit unserer Sprache auf der Verliererstraße?

*Jutta Limbach:* Ich denke nicht, dass wir auf der Verliererstraße sind. Ich plädiere dafür, dass man gerade auch diese Anglizismen und selbstgebastelten Anglizismen mit einer gewissen Gelassenheit zur Kenntnis nimmt. So etwas hat es nämlich immer schon gegeben. Und wenn sie sich tatsächlich nicht bewähren oder wenn sie sich ästhetisch einfach nicht als erträglich erweisen sollten, dann darf man davon ausgehen, dass sie im Laufe der Zeit auch nicht mehr benutzt werden. Hier muss man also schlicht auf das natürliche Sterben schlechter Sprache hoffen. Ich denke also, das ist nicht unser Hauptproblem.

- Was kann denn aber das Goethe-Institut, dessen Arbeit Sie ja nun sehr ausführlich begleitet haben – und dessen finanzielle Einschränkungen Sie ebenfalls miterleben mussten –, für uns im Ausland heute bewirken?

*Jutta Limbach:* Das Goethe-Institut kann für uns im Ausland bewirken, dass man Deutschland auch als einen Kulturstaat wahrnimmt. Es ist selbstverständlich nicht so, dass man das erst dadurch feststellt, denn nicht nur hier in Deutschland weiß man um die Bedeutung von Goethe und Schiller und der deutschen Musik. Aber gerade nach dem, was wir in den Jahren zwischen 1933 und 1945 erlebt haben, ist es besonders wichtig, deutlich zu machen, dass diese Bundesrepublik Deutschland nach wie vor auch in der Kultur eine große Rolle spielt. Dabei begreife ich den Ausdruck "Kultur" – das hat mit meinem vorhergehenden Amt zu tun – ganz weit. Dazu gehört also auch Verfassungs- und Rechtskultur, dazu gehören auch, und das wusste bereits mein Amtsvorgänger Hilmar Hoffmann, die Menschenrechte. In dieser Hinsicht spielt das Goethe-Institut nicht nur als Sprachvermittler und Informationsvermittler insofern eine große Rolle, als es sehr früh, nämlich bereits zu Zeiten der sozialliberalen Koalition, begriffen hat, dass Kulturarbeit keine Einweg-Arbeit ist, sondern dass sie sich nur bewährt, wenn sie wechselbezüglich ist, wenn man gemeinsam, wenn man miteinander lernt. Das Goethe-Institut hat an vielen Orten der Welt solche gemeinsamen Kulturprojekte ins Leben gerufen, sei es auf dem Gebiet der Musik oder des Theaters. Diese Kulturprojekte wirkten und wirken bis in unsere Bundesrepublik hinein.

- Geben Sie denn der Verbreitung der deutschen Sprache im Ausland auch noch eine Chance? Ich war auch einmal als Korrespondent in Kabul: Babrak Karmal sprach fließend Deutsch, weil er in Kabul eine deutsche Schule besucht hatte, die in Afghanistan sehr angesehen war. In Bulgarien gab es auch während all der kommunistischen Jahre deutschsprachige Schulen. Man konnte dort sogar Diplomingenieurwesen in deutscher Sprache studieren. Das heißt, soll man das fortsetzen, also die Verbreitung von Deutsch als Zweitsprache im Ausland? Oder meinen Sie, dass das nun beim Goethe-Institut in den Hintergrund tritt?

*Jutta Limbach:* Nein, ich habe mich sehr dafür eingesetzt, und war sehr froh darüber, dass alle meine Kollegen dort dieses Engagement geteilt haben, dass die Vermittlung der deutschen Sprache nach wie vor eine der drei Hauptaufgaben des Goethe-Instituts ist. Zu Recht erwähnen Sie Kabul und Bulgarien: Wir könnten in diesen Ländern viel mehr Deutschunterricht erteilen, als wir das gegenwärtig mit unserem Personal leisten können, weil die Nachfrage danach so groß ist. Ich bin sehr froh darüber, dass auch die jetzige Bundesregierung und hier zuvorderst der Bundesaußenminister eine Schulinitiative gestartet haben, die das Interesse an der deutschen Sprache nicht nur in Afrika, aber vor allem dort, wiederbelebt. Deutsch ist eine der großen Kultursprachen. Sie ist aber gleichzeitig eine der großen Sprachen, in der man fast jedes verfassungsrechtliche, staatsrechtliche und politische Problem und selbstverständlich und vor allem auch philosophische Problem auf das Beste diskutieren kann.

- Damit sind wir letztlich wieder beim Ausgangspunkt auch Ihrer persönlichen Bildung und literarischen und juristischen Neigungen angelangt: Denn all das hängt mit der Sprache zusammen. Wenn Sie heute – in kurzen Stichworten – auf Ihr berufliches Leben zurückblicken, was war dabei der Höhepunkt, den Sie mit größter innerer Befriedigung erlebt haben?

*Jutta Limbach:* Das Amt der Präsidentin des Bundesverfassungsgerichts ist für eine Juristin einfach der Höhepunkt schlechthin. Aber sowohl die Aufgabe als Berliner Justizsenatorin wie auch das Ehrenamt im Goethe-Institut haben mir ebenfalls Erlebnisse, Arbeitserfolge verschafft, die ich keinesfalls missen möchte.

- Das ersieht man in der Tat auch aus diesem sehr schönen Buch "Hat Deutsch eine Zukunft?", denn es ist mit Leidenschaft und mit viel Herz und auch mit viel Sachkenntnis geschrieben – ich habe viel Neues daraus gelernt. Auch dieses Gespräch hat gezeigt, welch einen tollen Lebenslauf Sie haben und welch eine eindrucksvolle Frau Sie sind.

## Prof. Dr. Rita Süssmuth

Bundestagspräsidentin a.D. [9]

- Herzlich willkommen zum alpha-Forum, verehrte Zuschauerinnen und Zuschauer, heute mit einer engagierten Frau als Gast, die u. a. zehn Jahre lang das zweithöchste Amt in der Bundesrepublik Deutschland bekleidet hat. Herzlich willkommen, Professor Rita Süssmuth. Ich freue mich, dass wir heute miteinander ins Gespräch kommen dürfen. Sie sind eine ganz faszinierende Gesprächspartnerin, weil sie über 20 Jahre eine lange wissenschaftliche Laufbahn hinter sich gebracht haben, um dann in die Politik einzusteigen. Sie sind mit 44 Jahren in die CDU eingetreten und dann ging es in die Politik. Was war das Motiv für einen so radikalen Wechsel? Sie hätten doch auch Ihre brillante wissenschaftliche Laufbahn fortsetzen können.

*Rita Süssmuth:* Ich hatte auch nie geplant, in die Politik zu gehen. Ich gehöre ja einer Generation an, die noch ganz anders aufgewachsen ist, und die wissenschaftliche Laufbahn einzuschlagen und dann auch wirklich dort verankert zu sein, war mir ganz wichtig. Ich habe daher wirklich lange überlegt, ob ich auf diese Weise in die Politik einsteigen soll oder nicht. Nun zu Ihrer Frage: Das Motiv war, dass ich das auch als Chance zur Veränderung aufgefasst habe. Diese hat man nämlich in und mit der Wissenschaft nicht in gleicher Weise. Wir brauchen die Wissenschaft dringend, aber die Politik muss ja nicht unbedingt auf sie hören.

- Sie sind den Wissenschaften ja durchaus ein wenig treu geblieben und sind heute immer noch Wissenschaftlerin.

---

[9] Erstausstrahlung am 17.02.2012

*Rita Süssmuth:* Ja, ich bin ihr bis heute treu geblieben, denn ich empfinde sie als sehr faszinierend. Den Ausschlag, in die Politik zu wechseln, hat gegeben, dass doch inzwischen eine Menge an Erkenntnissen gewonnen worden war und ich gehofft habe, die eine oder andere vielleicht doch in die Tat umsetzen zu können. Deswegen fürchte ich, dass sich diejenigen, die mich in die Politik geholt haben – Heiner Geißler, Helmut Kohl und ein paar andere –, vielleicht doch eine konservativere Frauenpolitikerin vorgestellt hatten, als ich das gewesen bin.

- Lassen Sie uns doch kurz über den Begriff "konservativ" bzw. "nicht konservativ" sprechen. Sie sind ein sehr eigenständiger Kopf, und das hat man auch in Ihrer politischen Laufbahn immer wieder gesehen. Ich habe mich zwischendrin immer mal wieder gefragt: "Ist diese Frau überhaupt in der richtigen Partei, nämlich in der CDU?" Denn Sie sind von Ihren Parteifreunden ja nicht immer nur bejubelt worden.

*Rita Süssmuth:* Ja, das stimmt. Aber ich bin absolut in der richtigen Partei, denn so habe ich am meisten verändern können.

- In welche Richtung haben Sie Veränderungen herbeigeführt?

*Rita Süssmuth:* In der Richtung, die Christdemokraten eigentlich ansteht. Mein christliches Bild vom Menschen ist das eines selbständigen, eines freiheitsliebenden, eines verantwortlichen Menschen, der gerade auch in Bezug auf die Geschlechter keine Unterschiede kennt in der Art, dass die einen beteiligt und die anderen ausgegrenzt werden. Konservativ sein heißt für mich, bewahren, was zum Menschen gehört. Konservativ sein heißt, auf den Menschen bezogen sein, heißt aber nicht, dass alles beim Alten bleibt. Selbst die Katholiken haben sich hier verändert: Der von mir sehr geschätzte Kardinal Lehmann war ja in der Frauenfrage fast ein Pionier unter den Katholiken. Andere sind ihm da erst weit später nachgefolgt, wieder andere sind gar nicht gefolgt.

- Sie wurden 1985 Ministerin und traten damit zum ersten Mal ins Kabinett Kohl ein. Nach dessen Wiederwahl waren Sie dann erneut in seinem Kabinett vertreten.

*Rita Süssmuth:* Ja, und das Ganze ohne politische Erfahrung.

- Was war denn damals aus Ihrer Sicht das Defizit in der Frauenpolitik, die Sie ja zu der Zeit damals noch besonders vorangetrieben haben?

*Rita Süssmuth:* Das Defizit bestand darin, dass es zwar Spuren von Aufbruch gab, aber auch sehr festgehalten wurde am traditionellen und manchmal auch kirchlichen Frauenbild. Das war das Bild der Frau als Mutter. Aber was war mit den Frauen, die keine Mütter waren? Frauen waren entweder Ordensfrauen und kinderlos oder Mutter, dazwischen gab es nichts. Für mich gehört die Mutter selbstverständlich auch zum Frauenbild mit dazu, das ist klar, aber das ist eben nicht die einzige Rolle und Bestimmung der Frau. – Der berühmte Philosoph Hegel hat ja mal gesagt, dass man die Frauen um Gottes willen nicht an der Politik beteiligen darf. Ich habe mich bei ihm immer gefragt, wieso er dann gleichzeitig dafür sein konnte, dass man die Kinder den Müttern anvertraut, wenn die Frauen angeblich so wenig vernünftig und so emotional sind. – Das war also der Hauptstrang, denn das hat ja immer wieder zu geradezu schizophrenen Situationen geführt. Frauen konnten zum Beispiel aberwitzig viele Stunden im Ehrenamt verbringen, aber wehe, sie waren im Beruf, denn dann galten sie als "Rabenmütter". Mir ging es eigentlich darum, diese Sicht auf die Frau zu verändern.

- Wie war das in der Praxis zum Beispiel der Kabinettssitzungen? Da saßen der Bundeskanzler und all die anderen Männer, und Sie saßen da nun plötzlich als Ministerin mit dabei.

*Rita Süssmuth:* Ich war nicht die Einzige, denn da war ja noch Frau Wilms.

- Waren Sie beide damals noch Alibifrauen? Denn damals gab es ja "selbstverständlich" noch keine Quote und es wurde keineswegs überall die Ansicht vertreten, dass Frauen im gleichen Umfang an der Politik beteiligt werden müssen. Sahen Sie sich denn schon so ein bisschen als Quote?

*Rita Süssmuth:* Wenn, dann war ich die Alibifrau. Es gab damals keine Quote, jedenfalls in meiner Fraktion nicht: Die Quote war dort heftig umstritten. Als ich dieses Thema nach vorne gebracht habe, habe ich damit ja auch zwei Mal eine Bauchlandung gemacht. Wenn beim dritten Mal nicht der Kanzler selbst mit eingestiegen wäre in die Debatte und das um seiner Partei willen durchgesetzt hätte, wäre die Abstimmung vermutlich wieder verloren worden.

- Nun ist ja ein gutes Vierteljahrhundert vergangen, seit Sie damals in die Politik eingestiegen sind. Hat sich im Hinblick auf die Position der Frauen in unserer Gesellschaft etwas zum Positiven gewandelt seitdem?

*Rita Süssmuth:* Ja!

- In welche Richtung?

*Rita Süssmuth:* Ich formuliere jetzt noch einmal meine damalige programmatische These: "Frauen müssen in allen Lebensbereichen zugelassen werden!" Auf diesem Feld sind wir ein großes Stück weitergekommen. Es ist heute nicht mehr die Frage, ob die Frau das kann, denn das steht außer Frage mittlerweile. Aber ob sie wirklich gleichberechtigt zugelassen wird, ist etwas anderes. Wir sind hier ein großes Stück weitergekommen, aber – ich brauche hier ja nur das Stichwort "Frauen in Führungspositionen" zu nennen – das ist nicht überall gelungen. Bei der Verteilung von Posten spielt nun einmal die Macht eine Rolle.

- Haben denn die Frauen in unserer Gesellschaft in ausreichendem Maße die Macht ergriffen?

*Rita Süssmuth:* Sie merken, dass ich zögere mit der Antwort. Wir sind einen Schritt weitergekommen, ganz sicher. Ich habe oftmals formuliert, die Frauen seien nun im Vorhof der Macht angelangt, aber noch nicht im Zentrum der Macht. Mit der heutigen Bundeskanzlerin Angela Merkel sind sie im Zentrum der Macht angekommen. Aber das gilt eben nicht für alle Frauen. Sehen Sie, es ist ja auch erst eine ganz junge Entwicklung, dass wir überhaupt Ministerpräsidentinnen haben. Daran sehen wir, dass das alles noch neu ist, dass das eine neue Phase in der Geschichte ist. Trotzdem, in dieser Phase heute wird erlebt, dass Frauen das können. Frauen werden am stärksten dann gerufen, wenn die Männer nicht mehr weiter wissen oder die Befürchtung haben, "wenn wir uns aufstellen lassen, dann werden wir nicht gewählt". Wenn die Männer also in parteipolitischer Hinsicht keine solche Niederlage erleiden wollen, dann lassen sie es auch zu, dass Frauen Spitzenpositionen einnehmen. Es ist aber auch so, dass Frauen die Dinge oftmals sehr praktisch anpacken. Mir ist etwas ganz Bestimmtes das Allerwichtigste, aber wir sind in Gefahr, hier die Fährte zu verlieren: Wir sind nicht da, um Systeme zu verteidigen, sondern wir sind da, um die Belange der Menschen in den Mittelpunkt zu stellen. Und im Augenblick besteht wirklich die große Gefahr, dass die Menschen nur noch von Systemen hören: vom Rentensystem, vom Gesundheitssystem, vom Sicherheitssystem usw. Die Menschen haben die Sorge, dass sie darin gar nicht mehr vorkommen. Ob es nun um Männer oder Frauen geht, im Mittelpunkt muss wieder der Mensch mit seiner Umwelt, mit seinen Belangen stehen. Das heißt, die Systeme müssen für die Menschen passend gemacht werden – und nicht ständig die Menschen dem System angepasst werden.

- Dies führt natürlich sofort zurück auf Ihre Eingangsbemerkung und Ihr Menschenbild, das christlich geprägt ist: Vor Gott sind alle Menschen gleich. Und daraus folgt, das System muss dem Menschen dienen und nicht umgekehrt. Wir haben ja in der Tat manchmal den Eindruck, dass das genau falsch herum läuft. Was hat, wenn ich noch einmal zur Frauenfrage kommen darf, die deutsche Wiedervereinigung im Frauenbild bewegt und verändert? Ich denke hier auch an die Frage der Abtreibung, die in der DDR völlig anders geregelt war als bei uns. Nach der Wiedervereinigung musste man dann diese Dinge ja zusammenbringen. Hat das auch bei uns in der gesamten Bundesrepublik etwas verändert?

*Rita Süssmuth:* Ja. Zunächst einmal waren die Frauen in der Bundesrepublik schon der Meinung, dass sie den DDR-Frauen weit überlegen waren, dass sie die Emanzipierten waren. Die DDR-Frauen ihrerseits hatten das Gefühl, dass sie längst emanzipiert waren, weswegen sie auch mit unserem Emanzipationsprogramm gar nichts anfangen konnten. Ich möchte aber einsteigen bei der Tatsache, dass es zwei Problembereiche gegeben hat, die

bei den Verhandlungen um die deutsche Einheit ganz schwierig waren und auch nicht so einfach gelöst werden konnten. Das war erstens die Frage des § 218 und zweitens die Frage der Hauptstadt.
- Im Klartext ging es also um die Abtreibungsfrage und um die Frage, wo der Regierungssitz sein wird.

*Rita Süssmuth:* Ich bleibe mal beim § 218: Hier hatten wir im Westen ja alle – auch nach der Verfassungsklage und den Auflagen, die vom Verfassungsgericht gekommen waren – hart miteinander gerungen. Meine Position war auf diesem Gebiet immer: Ja, es geht um Lebensschutz von Anfang an, aber es kann keine Entscheidungen gegen die Frau geben. Ich fand diese Position auch wieder in einem kleineren Kreis der Bischöfe – hier war erneut Kardinal Lehmann prägend. Kardinal Lehmann sagte, dass die Frau hier in diesem Bereich eine zentrale Rolle und Bedeutung innehat, sie die zentrale Verantwortung trägt. Deswegen ging es in unserem Gesetzesentwurf eben auch darum – uns war klar, dass sich die Frage der Abtreibung und damit der § 218 nicht wirklich lösen lassen, dass es allenfalls möglich ist, hier Regelungen herbeizuführen –, wie wir es mit diesem Letztentscheid der Frau halten. Die DDR-Frauen konnten ihrerseits in einer beträchtlichen Mehrheit die Verpflichtung zur Beratung nicht nachvollziehen. Ich hatte hier also beträchtliche Schwierigkeiten zu überwinden, obwohl ich mich sogar bei Rechtsexperten erkundigt hatte, wie sie das in diesem Bereich sehen. Die Rechtsexperten sagten mir: "Wenn es um ein so wichtiges Gut geht wie das menschliche Leben, dann müsstet ihr Frauen doch bereit sein, eine Beratung wahrzunehmen." Diese Beratungspflicht vor einer Abtreibung ist am Ende auch durchgekommen, obwohl wir dabei auf erheblichen Widerstand gestoßen waren. Ich möchte hier aber vor einer bestimmten Sache warnen. In den ersten Jahren gab es auch aufseiten der Frauen diese leidige Auseinandersetzung zwischen Frauen der Bundesrepublik und Frauen aus der ehemaligen DDR. Dabei wurde von Westfrauen – adressiert an die DDR-Frauen – gelegentlich gesagt: "Für euch war doch das Leben nichts wert!" Dies verletzte jedoch Frauen, die in der DDR gelebt haben, sehr.

Denn sie hatten ja zugleich die Erwerbstätigkeit zu meistern und die Kindererziehung, und zwar in der Regel mit mehreren Kindern. Aus diesem Grund hat uns Frauen aus dem Westen diese Auseinandersetzung gut getan, sie hat uns auch dahingehend gut getan, dass wir endlich – ich hatte das davor ja nicht durchbekommen – die Jugendhilfe reformieren konnten, und zwar mit dem Recht des Kindes auf einen Kindergartenplatz. Dieses Recht und der Ausbau der frühkindlichen Bildung und Förderung sind eigentlich erst nach der Wiedervereinigung durchgekommen.

- Das heißt, im Grunde genommen hat die Wiedervereinigung auch unsere Gesellschaft verändert.

*Rita Süssmuth:* Sie hat sie verändert, aber nicht einfach nur nach dem Laissez-faire-Prinzip, sondern wir haben schon auch miteinander gerungen. Ich muss sagen, dass wir damals als Frauen und auch als "Frauen Union" in der Partei doch schon sehr früh entsprechende Kontakte aufgenommen haben. Ich habe es als Vorsitzende der "Frauen Union" damals sehr genau registriert, wenn den Frauen vorgehalten wurde: "Ihr meintet, ihr seid emanzipiert, aber ihr wart es gar nicht!" Oder wenn ihnen gesagt wurde, sie seien fremdbestimmt gewesen. Diese Herabsetzung war grässlich. Aber das ist generell so. Wenn man Menschen, die anders leben mussten, von vornherein verdächtigt, "ihr habt auch weniger nach Werten gesucht als wir!" Da muss man wirklich sehr, sehr vorsichtig sein, denn ich habe das später in einem anderen Bereich oftmals erlebt, nämlich bei der Auseinandersetzung mit Muslimen.

- Aber hängt das alles letztlich nicht damit zusammen, dass wir von Gesellschaften außerhalb unserer eigenen oft nur sehr wenig wissen, dass wir in der Tat auch nur sehr wenig über die DDR gewusst haben?

*Rita Süssmuth:* Das mag sein. Für mich ist das ja noch der Nahbereich. Dass es gelungen ist, dass wir wieder ein Staat sind, ist für mich nach wie vor ein unglaublich glückhafter Moment in der Geschichte. Er kam dann zu diesem Augenblick nicht mehr ganz unerwartet, aber dass er genau zu diesem Zeitpunkt kam, war letztlich doch unerwartet. Deswegen ging es damals nicht nur um das Wissen, das man sich bis dahin angeeignet oder nicht angeeignet hatte, sondern es ging vor allem um die Bereitschaft, sich auf den anderen wirklich einzulassen, ihn kennenzulernen. Da sind wir ja immer noch dabei, aber wir sind große Schritte weitergekommen. Sie haben völlig recht, wenn Sie fragen, ob wir eigentlich genug vom Anderen wissen. Dieser Andere ist aber nicht nur der nebenan, sondern damit sind schon auch die großen Kulturen in größerer Entfernung gemeint.

- Damit kommen wir unmittelbar zu einem Thema, das Sie in Ihrer politischen Arbeit sehr stark beschäftigt hat: Der Andere nebenan ist der, der zu uns kommt, also nicht aus unserer Gesellschaft stammt, womit der gesamte Bereich der Migration gemeint ist. Der Andere nebenan sind aber auch die Völker und Kulturen, die im weitesten Sinne rings um uns leben. Meine These ist, dass wir immer schon multikulturell gelebt haben: Wir haben immer verschiedene Denominationen gehabt, wir waren immer schon ein jüdisch-christliches Abendland, wir haben immer slawische Minderheiten in Deutschland leben gehabt wie zum Beispiel die Sorben. Warum tut man sich so schwer damit zu sagen, Verschiedenartigkeit kann trotzdem in einem Staat nebeneinander stattfinden?

*Rita Süssmuth:* Und in vielen Staaten der Welt gibt es ja dieses Leben in Verschiedenheit. Trotzdem ist es so, dass uns viele Menschen – insbesondere seitdem nicht mehr gesagt wird, "die gehen ja eines Tages alle wieder nach Hause", und seitdem diese Menschen ihre Religion nicht mehr ganz versteckt in irgendwelchen Hinterzimmern ausüben, sondern auch bei uns Moscheen gebaut haben – Angst davor haben, weil sie meinen, diese fremde Kultur sei gefährlich, würde uns bedrohen, wir würden "überfremdet" werden. Wir alle kennen ja diese Ausdrücke. Aber wenig ist bei uns zum Beispiel darüber bekannt, wie viel Mohammed aus dem Neuen Testament übernommen hat: Er hat aus dem Neuen Testament noch viel mehr als aus dem Alten Testament übernommen – auch wenn er sagte, dass Jesus für ihn nur ein Prophet und kein Gott sei. Aber Maria und Elisabeth sind die großen Vorbilder im Koran. Die Tugenden sind dort ähnlich. Wir sehen hier bei uns aber immer nur den Militarismus in muslimischen Ländern, den Koran als eine militante Religion. Das ist aber so nicht aufrechtzuerhalten.

- Ich würde das gerne aus meiner Sicht noch ein wenig konkretisieren, was Sie sagen. Da gibt es also das Judentum als die älteste dieser Religionen, dann kommt das Christentum, das sozusagen die mittlere Generation darstellt. Und dann kommt der Islam. Das sind drei Buchreligionen, drei monotheistische Religionen, die letztlich vieles miteinander teilen. Ich denke, es ist eigentlich keiner der drei Religionen wirklich bewusst, wie viel wir miteinander teilen. Wir teilen ja sogar die Bücher! Und insofern verstehe ich auch nicht, warum wir permanent so sehr das Trennende betonen, das Feindseligmachende. Warum zielen wir immer auf den Islamismus ab, der ja viel mehr aus politischen und weniger aus religiösen Gründen entstanden ist? Warum gibt es bei uns so oft keine Kooperationsbereitschaft für die Integration? Was ist da in unserer Gesellschaft passiert? Sie waren ja lange Zeit Vorsitzende der Zuwanderungskommission und haben Vorschläge gemacht. Sie haben radikale Plädoyers gehalten, damit sich Deutschland endlich öffnet und sich als Einwanderungsland versteht. Was ist passiert, dass wir das zunächst einmal alles nicht wollten? Denn das, was Sie damals gesagt haben, war ja nicht wirklich mehrheitsfähig.

*Rita Süssmuth:* Ich glaube, dass die Gründe hierfür doch noch tiefer liegen, als sie in den letzten Jahren politisch besprochen wurden. Lassen Sie mich mit meiner eigenen Kindheit beginnen. Zwischen Katholiken und Protestanten, ob das nun nebeneinanderliegende Dörfer oder Kleinstädte waren, gab es ja nicht Harmonie und Frieden, und das, obwohl beide Christen sind. Was mit dem Judentum passiert ist, wissen wir leider auch. Das heißt, jeder hatte für sich die Wahrheit gepachtet und der andere die Unwahrheit. Dieser Kampf, wer eigentlich die Wahrheit für sich beanspruchen darf, wer das rechte Bewusstsein hat, hat also immer eine Rolle gespielt. Das Miteinander aber setzt voraus, dass keiner von uns die letzte Wahrheit hat – auch nicht im Bereich der Religion. Natürlich hat jeder für sich seinen Glauben und damit auch seine Identität, aber zu diesem Glauben muss eben auch gehören, dass Gott nicht nur die auserwählt hat, die wir als die Auserwählten ansehen, nämlich uns, sondern dass die anderen auch mit dazugehören.

– Ungeachtet der Shoa, der Vernichtung des Judentums, unter der Deutschland bis heute leidet, glaube ich, dass Deutschland historisch betrachtet auch noch unter den Folgen des Dreißigjährigen Krieges leidet und damit einhergehend unter der konfessionellen Teilung. Nicht nur in den Jahren des Kulturkampfs in der Bismarck-Zeit, sondern auch in der Gründungszeit der Bundesrepublik Deutschland gab es teilweise viel konfessionelle Orientierung gegeneinander. Wie hat sich das in der Politik niedergeschlagen? Hat das auch sehr viel Lähmung verursacht?

*Rita Süssmuth:* Für mich sind Konflikte nicht nur etwas Lähmendes, sondern sie führen auch zu Klärungen. Ich finde, dass man sich in der Nachkriegszeit wirklich sehr bemüht hat, neben dem Trennenden das Verbindende zu suchen. Das lähmt auch immer mal wieder, denn es hieß ja auch nach der Wiedervereinigung manchmal: "Kommt jetzt die Zeit der Evangelischen? Müssen die Katholischen nun zur Seite treten?" Für mich sind aber ganz entscheidend das Miteinander, die Klärung von Unterschieden und Konflikten das Bereichernde. Ich habe gerade über das Judentum und das Christentum erst sehr viel gelernt, als ich bereits erwachsen war. Ich hätte mir gewünscht, dass ich bereits in der Kindheit mehr davon erfahren hätte. Was ich in den letzten 10, 20 Jahren über andere Religionen gelernt habe, über die muslimischen Religionen, über den Buddhismus, hat dazu geführt, dass mein Blick geweitet wurde. Das heißt, das alles bereichert uns auch. Und es führt auch zu Klärungen hinsichtlich der eigenen Position. Ich weiß gar nicht, warum wir Christen solche Ängste haben vor den Muslimen. Die christliche Religion ist doch eine so starke Religion: Wenn die Menschen bei uns sich damit auseinandersetzen würden, wenn wir das wirklich leben würden, dann müssten wir keine Angst haben, denn das Christentum hat etwas Befreiendes. Dieses Befreiende hat meiner Meinung auch damals die Reformatoren dazu veranlasst, weniger nach den Institutionen zu fragen als vielmehr danach, was eigentlich die Botschaft des Christentums ist und ob wir sie wirklich leben. Ich finde, dieser Prozess darf nicht abreißen, sonst verfangen sich die Menschen in lauter Vorurteilen. Und das führt zu Konfrontationen und bösartigen Konflikten.

- Es gibt in Deutschland ja zwei hochinteressante Entwicklungsstränge, die zum Begriff "multikulturell" etwas beitragen. Da gibt es auf der einen Seite eine starke jüdische Immigration, insbesondere über die vielen Juden, die aus der ehemaligen Sowjetunion gekommen sind.

*Rita Süssmuth:* Gott sei Dank.

- Die jüdischen Gemeinden in Deutschland leben wieder – mit all dem Konfliktpotential, das bei diesem Prozess auch mit dazu gehört. Sie sind jedenfalls sehr lebendig geworden, was sehr schön ist. Und es gibt natürlich auch viele islamische Familien, die seit vielen Jahren hier leben und ihre Kinder haben und die beanspruchen, ihre Kinder in ihrer Religion erziehen zu wollen. Es gab – auch in Bayern – schon seit Längerem einen ersten Islamunterricht und inzwischen hat sich das alles weiterentwickelt. Ist das etwas, von dem Sie sagen, dass das Ihrem idealen Menschenbild entspricht von einem multikulturellen Nebeneinander, das eine Bereicherung sein kann?

*Rita Süssmuth:* Ja. Ich möchte noch einmal festhalten, dass bei uns der Begriff "multikulturell" fast zu einem Tabu geworden ist. Noch abwertender freilich ist er Ausdruck "multikulti". Aber auch das Wort "multikulturell" soll man heute nach Möglichkeit in der Öffentlichkeit nicht gebrauchen, weil wir das angeblich nicht sind. Aber in Wirklichkeit sind wir das sehr wohl. Das ist genau das Gleiche wie beim Problem der Einwanderung. Da heißt es auch: "Wir sind kein Einwanderungsland!" Aber das wird nur so behauptet, denn in Wirklichkeit sind wir nun einmal ein Einwanderungsland. Mir ist ganz wichtig: Wenn "multikulturell" nur bedeutet, dass jeder machen kann, was er will, und dass das Nebeneinander alleine ausschlaggebend ist, dann sage ich, dass das nicht reicht. Man muss gerade dann, wenn man in einem Land Vielfalt hat – und der Begriff "Vielfalt" ist ja Gott sei Dank kein Tabu, weil wir ihn für uns selbst in Anspruch nehmen –, schon auch fragen, wie man denn diese Vielfalt konkret lebt, leben will: Was ist uns gemeinsam, welche Regeln dienen uns? Da gibt es sicherlich die Werte und Grundsätze, die uns unsere Verfassung vorgibt, die uns unsere Gesetze vorgeben. Aber das bleibt abstrakt, wenn sich das nicht mit der Frage verbindet: Was ist uns gemeinsam?

- Dann bleiben wir mal beim Übergang vom Abstrakten zum Konkreten, bleiben wir also bei den Zuwanderern, die nach Deutschland kommen wollen und die wir auch gerne haben wollen. Wie lauten hier Ihre Forderungen über die Akzeptanz von Vielfalt hinaus? Sie sagen, man muss irgendeine Art von Common Sense, also irgendeine gemeinschaftliche Grundlage haben in einer demokratischen Gesellschaft: Was wären denn hier die Mindestanforderungen, die Sie als Politikerin oder als Christin stellen?

*Rita Süssmuth:* Wer das Leben des anderen nicht so achtet wie sein eigenes, dem kann ich nicht folgen.

- Damit sind wir beim christlichen Gebot, "liebe deinen Nächsten wie dich selbst".

*Rita Süssmuth:* Ja, liebe den Nächsten wie dich selbst! Wobei die Christenliebe ja noch viel weiter geht, sie geht nämlich sogar bis zur Feindesliebe – das machen wir uns nur nicht genügend bewusst. Dazu gehört, Sorge zu tragen füreinander: "Der eine trage des anderen Last." Und so wie in der Bibel ja oft die Fremden die Sorge tragen, während die Einheimischen diese Sorge gar nicht sehen, können auch wir von den Fremden lernen, was dieser Satz, "der eine trage die Last des anderen", eigentlich heißt. Dazu gehört für mich Freiheit. Wie lange hat es gedauert, bis wir überhaupt ein Auge dafür bekommen haben, dass in den arabischen Staaten der Wert "Freiheit" für die dort lebenden Menschen nicht geringer ist als für uns. Wir haben doch immer angenommen, wir seien die Verfechter der Freiheit. Wir müssen uns doch nur einmal den "arabischen Frühling" ansehen, wenn ich dieses Wort hier verwenden darf, wir müssen uns doch nur ansehen, was im letzten Jahr in der arabischen Welt alles geschehen ist: dieses viele Auf und Ab und diese vielen Menschenopfer, die das gekostet hat und noch kosten wird, wie wir ja momentan in Syrien leider sehen müssen. Wenn wir das alles betrachten, dann muss uns doch aufgegangen sein, dass Freiheit dem Menschen an sich innewohnt, sodass wir eben nicht sagen können: "Wir sind die Freiheitsliebenden, die anderen nicht!" Dieses Sichöffnen für das, was menschliche Belange sind – wie zum Beispiel Freiheit, Liebe, Demut, Dankbarkeit, Solidarität –, muss uns verbinden. Und deswegen habe ich das jetzt mit diesen Tugenden benannt. Es ist klar, dass diejenigen, die zu uns kommen, unsere Verfassung und unsere Gesetze zu achten haben. Aber genau das müssen sie ja wiederum auch durch uns erfahren. Ich möchte hier an dieser Stelle wirklich noch einmal betonen, dass die große, große Mehrheit der zu uns Gekommenen darauf sehr geachtet hat.

- Ich finde, dass die Integration sehr gut gelungen ist. Ich bin immer ein bisschen erstaunt, wenn ich von diesen 16 Millionen Migranten höre, von denen in den Statistiken die Rede ist: Denn ich selbst komme darin nicht vor, obwohl meine Großmutter Polin ist, meine Frau Amerikanerin und unsere Kinder Doppelstaatler. Ich glaube an diese Vielfalt im Individuum. Sie selbst hat das ja interessanterweise zu einem Einsatz gebracht, der im Hinblick auf Ihre Biografie oft nicht so sehr im Fokus steht, wenn man vor allem Ihre Ämter betrachtet. Sie haben sich nämlich sehr stark auch in internationalen Organisationen eingebracht und sich dort engagiert. Sie haben auch viele Missionen in sehr vielen Ländern unternommen. Ich möchte da mal ein paar Sachen herausgreifen. Sie haben, was nur wenige wissen, ein großes Engagement im Hinblick auf das Verhältnis zwischen Polen und Deutschland. Sie sitzen diesbezüglich in vielen Gremien wie zum Beispiel in der "Deutschen Gesellschaft für Osteuropakunde", im

"Deutschen Polen-Institut" usw. Wann hat es angefangen, dass Sie nicht nur über den Tellerrand Deutschlands hinausgeblickt haben, sondern dass Sie sich engagiert haben? Das war ja damals in Ihrem Amt nicht wirklich so angelegt.

*Rita Süssmuth:* Ja, das stimmt, aber das war dafür stärker in meiner Biografie angelegt. Ich bin 1936 geboren und ich bin daher eben auch ein Kriegskind. Mein Vater war all die Jahre im Krieg: Er ist 1939 eingezogen worden und erst 1945 zurückgekommen. Für mich war diese Frage, je älter ich wurde, immer wichtiger: Was ist eigentlich mit uns Deutschen passiert? Was war das damals? Ich habe als 19-Jährige in Frankreich erlebt, dass ich keinesfalls akzeptiert war als Deutsche. Dort hat sich damals ein junger Mann in mich verliebt, aber seine Mutter hatte ihren Bruder im Krieg verloren ...

- Das heißt, Sie waren in den 50er Jahren als Studentin in Frankreich.

*Rita Süssmuth:* Ich habe es also erlebt, dass da keineswegs schon alles ausgestanden ist. In meiner eigenen Entwicklung und im Geschichtsstudium spielten diese Fragen eine große Rolle: Wer sind wir Deutschen eigentlich? Welche Verantwortung haben wir heute? Diese Fragen waren sehr stark in mir verankert. Als ich dann in die Politik ging, habe ich diese Fragen quasi mitgenommen: Unser Verhältnis zu Frankreich und zu Israel war dabei zunächst einmal das hauptsächliche Thema. Ganz rasch hat sich das dann aber ausgeweitet und ich habe auch zu Polen Kontakt aufgenommen, was sicherlich auch mit meiner Zuständigkeit für die Jugendpolitik zu tun hatte.

- Es gab ja zunächst einmal das Deutsch-Französische Jugendwerk und dann hat man sich bemüht, auch ein Deutsch-Polnisches Jugendwerk aufzubauen.

*Rita Süssmuth:* Ich habe dabei den damaligen Jugendminister und späteren Staatspräsidenten Polens, Aleksander Kwaśniewski kennengelernt. Wir haben uns zuerst einmal furchtbar gestritten. Da ging es um einen Satz in einem Text, der die Annäherung und als Endziel die Versöhnung zum Thema hatte. Er wollte diesen

Begriff "Versöhnung" absolut nicht in diesem Text drinstehen haben. Ich fragte ihn dann aber: "Ja, warum machen wir denn das Ganze eigentlich?" Wir haben uns aber am Ende geeinigt und aus diesem heftigen Streit, der wirklich über Stunden ging, ist hinterher sehr viel Verständigung, gemeinsame europäische Politik und überhaupt politisches Engagement entstanden. Denn es ist schon wichtig, welche Personen für bestimmte Werte eintreten. Ich hatte ja auch einen heftigen Streit mit unserem damaligen Kanzler wegen der Anerkennung der Oder- Neiße-Grenze. Ich habe die Auseinandersetzung um diese Grenze überhaupt nicht verstanden. Denn 1989 war es für mich selbstverständlich, dass wir diese Oder-Neiße-Grenze anerkennen. Sie können nun sagen, ich sei damals naiv gewesen. Nein, ich behaupte von mir, ich war nicht naiv. Denn die Wochen darauf zeigten ja – ob das nun die USA mit George Bush waren, ob das Frankreich mit Mitterand war –, dass für die USA und Frankreich die deutsche Anerkennung dieser Grenze eine Conditio sine qua non darstellte, also eine unhintergehbare Bedingung war, ohne die eine deutsche Wiedervereinigung für sie überhaupt nicht infrage kam.

- Die ganzen "Zwei-plus-Vier-Verhandlungen" wären gescheitert, wenn die deutsche Seite diese Grenze nicht anerkannt hätte.

*Rita Süssmuth:* Seit dieser Zeit habe ich auch noch einmal ein anderes Polen-Bild gewonnen. Denn wir hatten doch sehr stark das Bild des furchtbaren Vertreibungsschicksals im Kopf.

- Ja, das stimmt.

*Rita Süssmuth:* Nicht im Kopf hatten wir, dass damals von den Deutschen Hunderte von Dörfern verbrannt worden waren, dass zuerst einmal die Polen vertrieben worden waren.

- Das ist völlig richtig und das ist etwas, was man bei uns in Deutschland immer wieder einmal betonen muss: Es gab viele Polen, die auch aus dem ehemaligen Ostpolen wieder vertrieben wurden, die nach Breslau umgesiedelt wurden ...

*Rita Süssmuth:* Es ist einfach so, dass zunächst einmal die Polen vertrieben worden waren.

- Das wissen viele bei uns nämlich nicht: dass die Vertreibungen letztlich die Polen von Osten nach Westen und die Deutschen von Polen nach Deutschland verschoben haben.

*Rita Süssmuth:* Bei mir war es dann so, dass sich dieses Thema zum Thema "Menschenrecht" erweitert hat. Wenn sich das nicht wiederholen soll – obwohl ich mit Hannah Arendt sage, "niemand ist davor sicher", und die Entwicklungen in der Nachkriegszeit zeigen uns das ja –, dann geht es vor allem um diese eine Frage: Wie engagiert gehen wir mit Menschenrechten um? Immer wieder erfahren wir, dass sie mit Füßen getreten werden und umso wichtiger ist es, dass wir das nicht aufgeben.

- Sie sind in diesen internationalen Beziehungen ja sehr engagiert gewesen. Haben Sie sich vorstellen können, dass im 20. Jahrhundert in Europa erneut blutige Kriege ausbrechen können, dass es zu Völkermord kommt wie in Srebrenica? In Srebrenica wurden 7000 Menschen gewissermaßen unter den Augen der Vereinten Nationen hingeschlachtet. Haben Sie sich das vorstellen können? Was hat damals in der Politik nicht funktioniert?

*Rita Süssmuth:* 1989 ging ja der Satz vom "Ende der Geschichte" um. Nein, ich habe damit nicht gerechnet. Ich habe mir das bei allen Befürchtungen, die man auch bei diesem Balkankrieg hatte, nicht vorstellen können. Man konnte sich doch nicht vorstellen, dass Menschen, die über einen langen Zeitraum miteinander gelebt hatten, in dieser Weise einander bekämpfen würden, einander umbringen würden. Diese Vorstellung hat mich damals unglaublich schockiert. Viele Abgeordnete in unserem Bundestag haben mit sich gerungen, ob sie diesem NATO-Einsatz zustimmen oder nicht. Gerade diese Massentötungen haben uns aber veranlasst zu sagen: "Wir können hier nicht mehr sagen: Wir wollen das nicht! Das ist zu wenig. Sondern wir müssen das stoppen!"

- Wo kommt denn ein Politiker an seine Grenzen? Ich meine damit nicht nur seine Leistungsgrenzen im Sinne von Überbelastung, sondern ich meine vor allem seine moralischen Grenzen? Wo wird er so provoziert, dass er vielleicht in diese tragische Situation gerät, sagen zu müssen, „ich weiß nicht mehr, wie in dieser Situation richtig zu handeln ist"? Gibt es so etwas?

*Rita Süssmuth:* Ja. Ich denke, es wird zu wenig darüber gesprochen und es wird immer so getan, als hätten die Politikerinnen und Politiker all das Wissen, um zu jeder Zeit umsichtig genug, wissend genug handeln zu können. Ich bringe mal ein eigenes Beispiel. Als ich für die Gesundheitspolitik zuständig war, hatte ich dadurch auch mit dem Problem Aids zu tun. Damals war aber das Wissen über Aids so gering, dass man sich mit diesem bisschen an Wissen ständig fragen musste: Wie handle ich denn verantwortlich? Das Einzige, das mir sehr klar war und das mir auch sehr geholfen hat, war, als ich gemerkt habe, dass diese Menschen gekennzeichnet werden sollen, auf eine Insel verbannt werden sollen, ausgegrenzt werden sollen: Da wurde ich hellwach! In so einer Situation hilft einem dann auch der gesunde Menschenverstand, um kombinieren zu können, was aus dem Nicht-Wissen für die Behandlung folgt. Das Thema Aids hat mich bis heute nie wieder losgelassen. Immer wieder werde ich wie zum Beispiel im vergangenen Jahr von der UNO gefragt, ob ich mich nicht noch einmal auf Weltebene dafür einsetzen möchte. Damals jedenfalls habe ich das gespürt, was Sie gemeint haben. Nehmen wir noch ein anderes Beispiel, die Katastrophe von Tschernobyl. Es war unglaublich schwierig, mit so viel Unsicherheit umgehen zu müssen und gleichzeitig mit der Aufforderung, man müsse die Bevölkerung beruhigen. Ich sehe heute noch die schreienden Mütter mit ihren Kleinkindern vor mir. Ich habe mir damals nicht nur unsere Strahlenschutzkommission angehört, sondern bin auch zu Versammlungen gegangen zum Beispiel von "Ärzte gegen den Atomtod". Das wurde nicht von allen verstanden, aber es hat mir sehr geholfen, auch die andere Seite zu hören. Es hat mir geholfen zu hören, dass das nicht kleine Risiken, kleine minimale Schäden sind, sondern dass die Gefahr riesengroß war. Hinterher haben uns ja auch die unglaublich vielen Leukämieerkrankungen gezeigt, wie gefährlich das gewesen ist. Wenn Sie mich heute fragen, dann kann ich Ihnen sagen, dass es für mich nicht erst Fukushima gebraucht hat, sondern dass wir diese Konsequenzen bereits nach Tschernobyl hätten ziehen müssen.

- Warum fällt es Politikern oft so schwer, die Grenzen ihrer Einsichts- und Handlungsfähigkeit zu erkennen? Denn Sie haben ja soeben selbst das Beispiel Tschernobyl angeführt. Ich war damals in der Sowjetunion und habe dort die andere Seite erlebt. Ich war auch bald nach der Katastrophe in Tschernobyl selbst. Das alles hat mich doch sehr daran zweifeln lassen, dass diese Form der Energiegewinnung überhaupt beherrschbar ist. Das hätte doch eigentlich jeder sehen können. Warum schaffen es Politiker so selten, die Grenzen ihrer Einsichts- und Handlungsfähigkeit zu thematisieren? Hängt das mit deren Machtbewusstsein zusammen?

*Rita Süssmuth:* Das ist keine einfach zu beantwortende Frage, denn intern sprechen die Politiker ja sehr wohl darüber. Sie tun das jedoch nicht in der Öffentlichkeit. Es wäre aber notwendig, in der Öffentlichkeit ähnlich zu argumentieren und offenzulegen, was man weiß und was man nicht weiß und wo man sich möglicherweise auch wird korrigieren müssen. Wenn man das in der Öffentlichkeit macht als Politiker, dann wird einem das als Schwäche ausgelegt und nicht als Stärke. In diesem Zusammenhang ist für mich noch ein anderer Aspekt sehr wichtig: Warum dürfen Menschen nicht scheitern? Auch das gehört für mich zum christlichen Menschenbild: das Scheitern und der Neuanfang, das Scheitern und das Weitermachen. Die politisch Handelnden stehen offenbar unter einem solchen Druck, alles richtig zu machen, dass sie ihre Entscheidungen und Handlungen auch dann noch verteidigen, wenn die Sache eigentlich nicht mehr zu verteidigen ist. Ich glaube jedoch, wir Politikerinnen und Politiker könnten aus einem anderen Satz mehr Stärke gewinnen, nämlich aus einem Satz von Paulus: "Gerade in Situationen der Schwäche erfahre ich meine Stärke." Das ist etwas, das uns Christus am Kreuz sehr schön aufzeigt: Er scheint der ganz Schwache zu sein, und dennoch geht von ihm eine ungeheure Stärke aus. Das ist es, was Erasmus als "Paradoxie des Kreuzes" bezeichnet hat.

– Das lässt sich ja auch relativ simpel herunterbrechen auf das Verhältnis von Eltern zu deren Kindern. Eltern, die nur stark sind und nie eine Schwäche zugestehen, sind ein irreführendes Vorbild für die Kinder. Wenn ein Kind jedoch die Schwäche eines Vaters oder einer Mutter erkennt, dann wird es damit auch Liebe verbinden können. Und so ähnlich wird es wohl öfter sein: Schwäche kann auch zu Liebe führen.

*Rita Süssmuth:* Gerade dann. Aber das darf nicht, um das mal mit einem anderen Begriff auszudrücken, dazu führen, dass wir nur barmherzig sind. Sondern in dem Augenblick, in dem wir ganz klein und schwach erscheinen, sind wir auch liebenswert. Denn nicht nur der Starke ist liebenswert. Er hat ja ständig zu beweisen, wie stark er ist – und genau das kann man dann am Ende nicht mehr hören. Das ist wie jemand, der ständig seine Muskeln zeigt.

– Ist das, was Sie beschreiben, was Sie soeben gesagt haben und was ja wohl für viele Menschen sehr zugänglich ist, etwas, das Sie als Idealismus bezeichnen würden? Oder sagen Sie: "Nein, ich bin durch den christlichen Glauben, durch die katholische Soziallehre sogar realistischer als die anderen!"?

*Rita Süssmuth:* Ich bin mit der katholischen Soziallehre groß geworden, und zwar geprägt durch Kardinal Höffner in Münster. Für mich ist das nicht Idealismus. Allerdings hat das etwas mit Idealen zu tun. Ich kann mir keine Politik vorstellen, ohne auch Vorstellungen davon zu haben, wofür wir eintreten und wohin wir wollen. Ich kämpfe daher ständig gegen einen Satz von Helmut Schmidt, den ich ansonsten ja sehr schätze: "Wer Visionen hat, soll zum Arzt gehen." Ich kann darauf immer nur antworten mit: Ich wünsche dem Arzt ganz viele Patienten. Das heißt, ich kann mir keine Politik vorstellen, die sich nur versteht als Antwort auf Nützlichkeitsfragen, die immer nur aus Opportunitätsgründen heraus handelt. Auch eine rein pragmatische Politik braucht eine Grundlage, auch sie muss wissen, wohin sie will, was ihr Ideal, was ihre Vision ist.

– Ich denke auch, dass Visionen nichts anderes sind als das Gedankengebäude, das die Philosophie uns mit auf den Weg gibt. Und dann ist es eben die Frage, was wir davon umsetzen können, um in unserem Leben etwas zu erreichen. Sind Sie auch davon geprägt, dass Sie sagen, "ja, eine Philosophie als Grundlage ist für mich sehr entscheidend gewesen"?

*Rita Süssmuth:* Ja. Ich möchte hier mal den Philosophen Sokrates erwähnen. Ihn bereits sehr früh kennengelernt zu haben, verdanke ich meinem Vater. Ich will hier nur einen Satz von ihm zitieren: "Der andere kann auch recht haben." Dieser Satz war mir immer eine wichtige Wegmarke. Dass der andere auch recht haben kann, war mir immer bewusst. Daraus resultierte, dass ich mir immer gesagt habe: "Horch hin! Pass auf, was der andere sagt, und stelle die eigene Position dadurch noch einmal infrage." Die zweite Folge darauf war: "Beteilige ihn! Grenze ihn nicht aus!" Ohne die philosophische Grundlage, wenn ich das mal so nennen darf, die uns dazu anleitet, immer weiter zu fragen, kommen wir nicht aus.

– Mit dieser sokratischen Erkenntnis, dass der andere auch Recht haben kann, verabschieden wir uns im heutigen alpha-Forum von unserer Gesprächspartnerin Rita Süssmuth.

# Gerd Schmückle

Nato-General a.D.[10]

- Sie sind kein Mann des Stiefels, so entnehme ich es einigen Zitaten aus dem Archiv, in dem es viel über Sie zu entdecken gibt. Viel mehr seien Sie ein "Diplomat in Uniform", ein "Journalist in Uniform", ein "gänzlich unorthodoxer Soldat", ja sogar ein "Zivilist in Uniform". Herr Schmückle, Sie sind hoch dekorierter Vier-Sterne-General gewesen, Sie haben bei der NATO wichtigste Funktionen übernommen, Sie haben die Bundeswehr mit aufgebaut: Wer sind Sie, wie sehen Sie sich unter diesen vielen Etiketten? Wie würden Sie sich selbst einreihen?

*Gerd Schmückle:* Ach, Gott. Ich bin ein Mensch, und mehr bin ich nicht. Ich bin im Krieg kein besonders heldenmütiger Mensch gewesen, ich bin kein besonders erfolgreicher Mann in der Bundeswehr gewesen, aber ich bin eigentlich immer ganz gut vorangekommen. Wahrscheinlich liegt das daran, dass ich ein Sonntagskind bin: Ich bin an einem Sonntag geboren.

- Sie sind nicht nur ein Sonntagskind, sondern wahrscheinlich auch geprägt durch ein Elternhaus, das in seiner ganzen Art offensichtlich schwäbisch war. Was ist das Schwäbische an Ihrem Leben gewesen?

*Gerd Schmückle:* Sicher das Elternhaus. Es war ein großbürgerliches Elternhaus. In diesem Elternhaus haben sehr viele schwäbische Künstler und Künstler überhaupt verkehrt: Maler, Komponisten, Bildhauer usw. Dadurch gab es in meinem Elternhaus eine sehr künstlerische Atmosphäre, die mich sicher sehr stark beeinflusst hat.

---

[10] Erstausstrahlung am 08.09.1998

– Was bringt einen Menschen mit einem solchen Elternhaus und mit einer eher musischen Prägung zum Militärdienst?

*Gerd Schmückle:* Das weiß ich eigentlich selbst nicht genau. Im Grunde genommen war es vor allem wohl ein Punkt: Ich hatte genug von der Hitlerjugend. Ich war zwar zu Beginn sehr begeistert hineingegangen, habe aber dann doch gemerkt, dass da einiges nicht so ist, wie ich es mir vorstellte. Ich wollte aber vermeiden, dass ich in eine der anderen Organisationen hätte gehen müssen – in die Partei, in die SA usw. In die SS wäre ich sowieso nicht gekommen. Der zweite Grund war mein jüdisches Aussehen. Ich wurde in dieser Zeit als junger Mensch viel angepöbelt: "Du Saujud, du Judenbub!" Mir war damals klar: Der einzige Schutz, den ich finden kann, ist die Wehrmacht, die sich, wie ich damals glaubte, außerhalb dieses Parteigetriebes gehalten hat.

– Sie sind in Ihrer militärischen Ausbildung geprägt durch einen Mann, dessen Name bei uns wirklich Geschichte gemacht hat: Das war der spätere Generalfeldmarschall Rommel. Sie haben Ihren Lehrer einmal als "Bürgersoldaten" bezeichnet. Welche Rolle hat Rommel gespielt? Ist er jemand, der Sie mit geprägt hat?

*Gerd Schmückle:* Wissen Sie, ich habe mich eigentlich nie prägen lassen. Ich finde, das Wort ist etwas zu stark. Er hat mich beeinflusst wegen seiner ganzen Art, wie er die Kriegsführung aus dem Ersten Weltkrieg dargestellt hat. Er war Schwabe, er ist in der Kriegsgeschichte Württembergs sehr oft erwähnt worden, er war ein tollkühner Mann mit vielen Einfällen. Ich fand, gerade sein Einfallsreichtum auf dem Schlachtfeld war so ungewöhnlich, dass ich davon schon sehr viel profitiert habe. Das zweite ist: Wir trafen uns beim Skifahren im Riesengebirge. Da habe mich oft mit ihm unterhalten. Er war an und für sich eher ein spröder Unterhalter, über zwei Dinge konnte man sich allerdings gut mit ihm unterhalten. Das war zum einen das Militär, zum anderen die Mathematik. Damals war ich in Mathematik recht gut, und so haben wir uns gleich auf Anhieb gut verstanden.

- Gab es mit Rommel noch andere Berührungspunkte außer der eigentlichen militärischen Ausbildung? Haben Sie ihn später noch einmal während der Kriegszeit erlebt?

*Gerd Schmückle:* Ja. Zum Abschied auf der Kriegsschule hatte er mir gesagt: "Wenn Sie mich mal brauchen, dann werde ich Ihnen helfen." Ich wollte in seine Panzerdivision gehen, bekam aber damals eine andere Verwendung. Rommel war schon im Frankreich-Feldzug zu der Zeit, und ich bin in Freiburg aufs Postamt gegangen und habe geschrieben: "Sehr geehrter Herr General, ich bitte um Versetzung in Ihre Division." Ich habe das adressiert an "General Erwin Rommel, Frankreich". Schon kurz danach holte er mich in seine Division. Das war wirklich unglaublich.

- Betreiben wir ein wenig Zeitgeschichte, denn Sie sind ja Zeitzeuge. Sie sind in der Nazizeit zum Militär gekommen: Sind Sie durch Ihre Ausbildung oder durch das Umfeld geprägt mit einem konkreten Feindbild aufgewachsen? Hat das etwas ausgemacht gegenüber den späteren Kriegsgegnern? Oder war das eine Ausbildung, von der Sie sagen, sie sei quasi feindbildfrei gewesen?

*Gerd Schmückle:* Sie war eindeutig feindbildfrei. Ich habe sogar Hitler geglaubt, der ja immer gesagt und glaubwürdig verkündet hat, er sei Frontsoldat des Ersten Weltkriegs gewesen, er hätte alle diese schweren Schlachten mitgemacht und solange er und seine Generation leben würde, würde es keinen Krieg mehr geben. Nein, die Wehrmacht war insofern feindbildfrei, aber sie musste sich vorbereiten, um sich nach allen Seiten verteidigen zu können. Dazu war sie im Grunde genommen zu schwach, aber einen Feind in dem Sinne hatten wir nicht.

- Hitler ist natürlich ein wichtiges Stichwort für diese Zeit. Sie haben Hitler selbst als junger Fähnrich, glaube ich, erleben können.

*Gerd Schmückle:* Als Leutnant.

- Was für eine Begegnung war das?

*Gerd Schmückle:* Hitler hat plötzlich meinen Leutnants-Jahrgang in seine neue Reichskanzlei eingeladen. Wir kamen an, und es war zunächst sehr unangenehm. Wir kamen in den Mosaiksaal und waren 3000 Leutnants. Es ging dabei sehr eng zu, und wir haben schon ein bisschen gemosert, als plötzlich ein SA- Führer aufs Podium sprang und sagte: "Meine Herren, vor wenigen Tagen waren hier 6000 SA-Leute und fanden das richtig, wie sie hier platziert sind. Und Sie mosern hier schon?" Wir haben ihn laut ausgebuht. Er war daraufhin noch empörter und hat nochmals nachtarockt. Dann kam Göring, der natürlich den Casino-Ton fabelhaft beherrscht hat. Er hat die Stimmung zu seinen Gunsten gekippt. Dann kam Hitler und hat eine für mein damaliges Gefühl mitreißende Rede an uns junge Offiziere gehalten. Anschließend ist er in seine Gemächer verschwunden, und ich habe mich an die Tür neben seinem Eingang gesetzt. Er kam nach etwa einer Stunde raus, ging auf uns kleine Gruppe von Leutnants zu und sagte plötzlich: "Hören Sie mal zu, der Frosch frisst die Mücke, und die Schlange frisst den Frosch, und der Adler frisst die Schlange. Wer wollen Sie sein?" Natürlich haben wir nichts geantwortet, denn es war immerhin der Oberbefehlshaber, der da plötzlich vor uns stand. Hitler sagte: "Ich will Ihnen eines sagen: Ich möchte nur der Adler sein und alles fressen." Ich habe das damals nicht kapiert. Als ich nach Freiburg zurückkam, habe ich meinem Kommandeur diese Geschichte erzählt. Er sagte daraufhin ganz laut: "Oh, lasset den Kindlein ihren Glauben!" – womit er mich meinte. Ich antwortete: "Können Sie mir dieses Gleichnis vielleicht deuten, Herr Hauptmann?" - "Das will ich Ihnen deuten: Der Hitler ist kein Adler, er ist ein Geier, er will alles fressen. Und das bedeutet für uns Krieg." Da war ich sprachlos, denn Hitler hat wirklich glaubwürdig immer wieder verkündet, dass er Frieden will.

- Ab wann ist Ihnen selbst klargeworden, dass die Herrschaft Hitlers und der Nationalsozialisten auch Krieg bedeutet?

*Gerd Schmückle:* Bedeuten kann! Die ersten großen Bedenken kamen beim Einmarsch in die Tschechoslowakei – nicht ins später so genannte Sudetenland, sondern in den Rest der Tschechoslowakei. Hitler hatte vorher ja versprochen, dass seine Gebietsansprüche mit dem Sudetenland erfüllt sind – und plötzlich hat er

## Gerd Schmückle

dieses Versprechen gebrochen. Das war der erste Punkt, an dem ich sagte, jetzt sind wir zu weit gegangen. Aber dass das wirklich großen Krieg bedeuten würde, glaubte ich damals noch immer nicht, denn er hat immer weiter seine Friedensbereitschaft erklärt. Nach dem Überfall auf Polen war klar, dass uns England und Frankreich den Krieg erklärten. Da war klar, dass wir in der Falle saßen.

- Machen wir noch einmal einen Sprung. Es gab ein Attentat auf Hitler: das berühmte Attentat auf Hitler, das schiefgegangen ist und in dessen Gefolge viele Menschen, auch Militärs, hingerichtet wurden. Sie schreiben in Ihrer Autobiographie: "Auch ich war dagegen." Sie waren damals gegen dieses Hitlerattentat. Was war der Beweggrund dafür, das so viele Jahre später zu sagen und sich dazu zu bekennen, dass Sie dagegen waren? Was waren die Umstände?

*Gerd Schmückle:* Zunächst einmal finde ich es richtig, dass man sich in die Zeit hineinversetzt und nicht schreibt, was man heute glaubt, sondern das, was man damals geglaubt hat. Ich habe damals meinem Freund, der ein Mann des 20. Juli war und der mich vorsichtig in diese Gedankengänge eingeführt hatte, gesagt: "Was ihr vorhabt, ist zu spät. Meine These ist: mitgegangen, mitgefangen, mitgehangen. Da ist zu viel geschehen, als dass wir uns daraus mit irgend etwas befreien könnten." Er war anderer Meinung, er hat am 20. Juli mitgemacht und wurde anschließend zum Tode verurteilt. Er ist durch die Russen befreit worden, und wir waren später wieder für lange Zeit gute Freunde.

- Wie passt diese Nazizeit zu einem schwäbisch-liberalen Geist? Wie passt das zu einem Mann wie Ihnen? Nicht, dass Sie dort Mitläufer gewesen wären, um Himmels willen, das meine ich nicht, sondern wie passt das zu Ihnen als Existenz in dieser Zeit, wenn Sie doch von sich selbst sagen, dass Sie einen Mangel an Autoritätsgläubigkeit haben? Gab es nicht einfach innere Konflikte, diesen Dingen zu folgen?

*Gerd Schmückle:* Ach, das eigentlich nicht. Die Wehrmacht hatte seltsamerweise – für mich zumindest, ich kann da nicht für jedermann sprechen – eine große innere Freiheit. Ich hatte immer Kommandeure, bei denen wir seelenruhig auf Hitler schimpfen konnten, bei denen wir äußern konnten, was uns nicht passte an diesem Regime. Wir waren uns eigentlich immer sicher, dass uns in der Wehrmacht bzw. in dem Teil, in dem ich war, niemand denunzieren würde. Anderswo war es anders. Die Wehrmacht bestand aus 18 Millionen Menschen: Da gab es viele Facetten. Ich aber hatte Glück mit den Kommandeuren. Ich hatte das Glück, lange Zeit bei einem sächsischen Kommandeur zu sein, der sehr liberal und selbst kein Freund Hitlers gewesen ist. Der Divisionskommandeur General von Funk war auch ein eindeutiger Hitlergegner. Ein späterer General von mir, General Krolig, war ein Mann des 20. Juli und hat Selbstmord begangen, als das Attentat gescheitert war.

- Sie sind im Zweiten Weltkrieg relativ häufig verwundet worden.

*Gerd Schmückle:* Fünfmal.

- Fünf Verwundungen: Sie waren in Frankreich, aber auch in Russland. Hat das Verbitterung ausgelöst? Ist dann ein Punkt bei Ihnen erreicht gewesen, an dem Sie gesagt haben, dass alles eigentlich sinnlos sei, denn gerade persönliche Verwundungen können einen doch in der eigenen Substanz mächtig treffen?

*Gerd Schmückle:* Ach, die Verwundungen waren es eigentlich weniger. Der erste tiefe Einbruch kam nach der Schlacht um Moskau, wo wir unter schlimmsten Umständen zurückgetrieben worden waren: Wir hatten keine Winterbekleidung, wir hatten kein Frostschutzmittel für die Fahrzeuge und die Panzer. Wir mussten die Fahrzeuge zum großen Teil sprengen. Damals habe ich den Krieg für verloren gehalten. Ich war wie mein Kommandeur der Meinung, es wäre nun Zeit, dass wir uns auf die alte deutsche Reichsgrenze zurückbewegen und dass Hitler Frieden macht – soweit er noch Frieden machen kann.

- Die Wehrmacht hat einen Krieg geführt, und man kann heute interessante Gespräche mit russischen Militärs erleben, in denen sie sehr sachlich über die Wehrmacht urteilen und in denen sie mit einem die Strategien und die Konzepte dieser Kriegsführung erörtern. Nur in einem Punkt wird, wie ich glaube, auf russischer Seite jeder, der die Zeitgeschichte kennt, sehr ungnädig – und ich glaube bei uns auch. Das ist der Punkt, wenn es um die Nachhut geht, die die SS betrieben hat, wenn es um das geht, was die SS im Hinterland gemacht hat. Wie viel hat die Wehrmacht erfahren von den wirklichen Verbrechen, die ja die SS gerade beim Russlandfeldzug hinter der Frontlinie begangen hat?

*Gerd Schmückle:* Es gab Gerüchte, wir haben Gerüchte gehört, und Gerüchte gibt es natürlich in einem Krieg immer und sehr viele. Was davon wahr war, oder was nicht wahr war, wusste ich nicht. Eines aber weiß ich: Ich kam mit meinem Kommandeur zur Heeresgruppe zurück, als wir nach Frankreich abgezogen wurden, weil die Division vollkommen zertrümmert war. Und dort war ein SS-Offizier beim Oberbefehlshaber Herrn von Kluge: Kluge hatte protestiert, weil hundert Juden in einen Wald geführt worden waren, ihnen die Haupt- und Geschlechtshaare mit Benzin übergossen und sie dann angezündet worden waren. Erst danach wurden sie umgebracht. Kluge hat gesagt, er will daraufhin zurücktreten. Dieser SS-Offizier – ich möchte nicht sagen, wer es war, es war ein früherer Kommunist – war geschickt worden, um ihn davon zu überzeugen, dass er bleiben sollte. Am Abend kam Kluge in den Vorführraum eines Kinos. Die Offiziere standen alle auf, und als er sage, "meine Herren, bitte nehmen Sie Platz", blieben alle stehen. Kluge sagte: "Ich weiß, was Sie damit sagen wollen. Aber ich bin durch diesen Besuch heute überzeugt worden, dass, wenn ich gehe, ein anderer kommen wird, der die Dinge wahrscheinlich tolerieren kann." Nun, das war vielleicht eine Entschuldigung, ich weiß es nicht. Auf jeden Fall war es so, dass ich diese Szene miterlebt habe.

- Machen wir wieder einen Sprung in der Zeit. Der Krieg ist vorbei, Sie sind Zivilist und werden Landwirt: Das ist ein gewaltiger Schritt. Hatten Sie vorher Landwirtschaft erlernt, oder war das etwas, das Sie sich als Autodidakt angeeignet haben? Sie haben ein Gut bearbeitet, das Sie, wie ich glaube, aus der Familie übernommen hatten.

*Gerd Schmückle:* Ich war kein Landwirt, ich habe das nie gelernt. Ich habe das in der Praxis gelernt. Ich bin überhaupt ein großer Anhänger davon, in der Praxis zu lernen und aufzusteigen – wie zum Beispiel Schrempp heute bei Mercedes. Das ist für mich immer der ideale Weg, den man gehen sollte. Am Anfang tat ich mich sehr schwer, solange das mit Pferdegespannen und nicht motorisiert vonstatten ging. Dann war es aber so wie beim Militär: Solange das mit Pferdegespannen zu machen war, hat es mir keinen Spaß gemacht, kaum war ich in der Panzerdivision, merkte ich, dass das das Richtige für mich war. Ich brauchte Bewegung, ich brauchte Schnelligkeit, ich brauchte Motoren. Dann hat mich auch die Landwirtschaft fasziniert, die sich zu der Zeit ja in einer unglaublichen Revolution befand: Das war der große Umbruch durch die Motorisierung und Mechanisierung.

- Sie waren damals ja nicht nur Landwirt, sondern auch landwirtschaftlicher Experte, Journalist. Über welche Themen haben Sie geschrieben und berichtet?

*Gerd Schmückle:* Vor allem über diese Revolution auf dem Land, was sich alles in Zukunft verändern wird. Ich habe mich damals über einen Schriftwechsel sehr mit dem spanischen Philosophen Ortega y Gasset angefreundet. Dem habe ich eines Tages geschrieben: "Wissen Sie, das Eigenartige auf dem Land ist heute: Eine der ältesten Erfindungen der Menschheit, der Pfad, der ein Gehöft mit dem anderen verbindet, stirbt. Wir haben keine Pfade mehr, wir haben nur noch Straßen und Wege, und wahrscheinlich werden das sehr bald Asphaltstraßen werden. Hier sieht man schon in der Natur, dass die Menschen nicht mehr wie früher zueinander gehen, sondern dass sie in der Zukunft wahrscheinlich fahren werden." Er schrieb mir zurück. "Das ist ein wichtiger Hinweis, und irgendwann werde ich einmal darüber schreiben." Er ist dann aber gestorben, und ich zumindest habe das Manuskript darüber nicht gesehen.

## Gerd Schmückle

- Ungefähr zehn Jahre haben Sie als Zivilist in der Landwirtschaft gearbeitet. Dann kam ein Ruf, denn in Deutschland ging es um die Wiederbewaffnung. Die Wiederbewaffnung war ja für einen Teil der Deutschen eine reine Provokation. Ein anderer Teil hat darin praktisch den Ausdruck der Souveränität gesehen. Was ging in Ihnen vor, als Sie von der Wiederbewaffnung Deutschlands hörten und als man Sie auch bat oder einlud, beim Aufbau einer Bundeswehr mitzumachen?

*Gerd Schmückle:* Zunächst, in den frühen fünfziger Jahren, fand ich das zu früh. Ich dachte, das kann man einer Kriegsgeneration nicht zumuten, nun schon wieder Militär zu haben. Dann aber hat mich das Programm der inneren Führung des Grafen Baudissin überzeugt: dass wir eine Streitmacht in der Demokratie entwickeln wollen, dass wir einen Staatsbürger in Uniform wollen, dass wir ihm möglichst wenig von den staatsbürgerlichen Rechten wegnehmen wollen. Es gab die erste Begegnung mit Baudissin in Bonn, und dabei hat er mich davon überzeugt, dass das eine gute Sache ist. Er bat mich, eine Ausarbeitung zu machen. Die habe ich gemacht und ihm geschickt. Er fand sie ganz ordentlich, und so sind wir zusammengekommen.

- Wenn ich Ihnen jetzt einen Namen nenne: Adelbert Weinstein. Verbinden Sie mit diesem Namen noch etwas?

*Gerd Schmückle:* Adelbert Weinstein war immer ein Freund von mir, ein zuverlässiger Freund und ein glänzender Schreiber. Er war ein Mann, der den militärischen Vorgängen eine eigene kritische Meinung abgerungen und dies in einem brisanten Stil beschrieben hat. Ich erinnere mich natürlich an unser erstes Treffen: Wir begegneten uns in Andernach. Ich habe damals sehr auf die schlechte Vorbereitung der ersten Truppen geschimpft. Er hat das dann alles in der "Frankfurter Allgemeinen" aufgegriffen, und das ist mir zunächst einmal nicht sonderlich gut bekommen.

- Vielleicht können wir das noch ein bisschen vertiefen. Was war eigentlich damals so schlimm in der Aufbauphase der Bundeswehr? Gut, es gab Pläne, die ich mir auch angesehen habe, in denen es hieß, dass man in etwa drei Jahren 500000 Mann unter

Waffen bringen sollte – ein ziemlich absurder Zeit- und Personalplan. Was war aber in der Tat so schlimm, dass Sie, wenn man so will, mit Ihrer Kritik an die Öffentlichkeit gegangen sind?

*Gerd Schmückle:* Das erste war, dass die Verhandlungen für die Wiederbewaffnung von den Generälen Speidel und Häußinger ausgezeichnet geführt worden sind – ich glaube, Kielmansegg war wohl auch dabei. Diese Arbeit war perfekt gemacht. Aber die Vorbereitung der Truppe war miserabel. Wir bekamen kein Geld in Andernach, wir hatten eine Bekleidung, die wirklich furchtbar schlecht war. Wir hatten allein an einem Wintertag 18 Erfrierungen – ich erinnerte mich an Moskau – und das mitten im Frieden. Wir hatten keine ärztliche Versorgung. Und für die Stube, in der, wie ich mich erinnere, sechs Leute saßen, wurden uns eintausend Mark abgenommen. Das war alles nicht in Ordnung. Nachdem der Kommandeur dauernd protestiert hatte und von Bonn kein Echo kam, habe ich daraufhin, als der Kommandeur weg war, naiv wie ich war – ich kannte mich im Ministerium ja gar nicht aus –, gesagt: Nun bilden wir einen Schutzverband deutscher Soldaten, und dabei stellen wir fünf Forderungen an den Minister. Wir waren sieben Mann, wie es sich für eine Vereinsbildung gehört. Wir haben diese fünf Punkte aufgestellt, und ich habe ein Fernschreiben an den Minister Blank geschickt – das war natürlich eigentlich unmöglich damals, aber in meiner Naivität habe ich das so gemacht. In diesem Fernschreiben waren die fünf Punkte aufgeführt, dass wir den Verband gegründet hätten und dass wir den Verband sofort auflösen würden, wenn er diese fünf Punkte erfüllt. Ich sagte zu den Teilnehmern, der Minister ist Gewerkschafter und wird volles Verständnis dafür haben, dass wir für unsere Sache kämpfen. Es gab aber natürlich ein Desaster in Bonn. Am nächsten Morgen wurden der Kommandeur und ich dorthin bestellt, und ich habe daraufhin eine sehr schwierige Zeit durchgemacht. Blank hat, um diese lange Geschichte kurz zu halten, meine sofortige Entlassung verlangt. Man konnte auch am Anfang in den ersten drei Monaten, das nannte sich damals wohl

Bewährungszeit, ohne Angabe von Gründen entlassen werden. Das hat er verlangt.

- Das war so eine Art "Soldatengewerkschaft", ein Dachverband für die Interessen der Soldaten. Es gibt die Prognose eines früheren Vorgesetzten von Ihnen, der sinngemäß gesagt haben soll: "Wenn Sie so weitermachen und trotzdem bei der Bundeswehr bleiben, dann werden Sie bis zum Lebensende nicht mehr befördert." Das heißt, es gab schon recht viel Verdruss. In den Unterlagen konnte ich verschiedene "hübsche" Vorwürfe finden. Der erste Vorwurf gegen Sie, von höchst ministerieller Seite, nämlich von Blank, lautete: Sie hätten ohne ministerielle Genehmigung den Verband gegründet. Und Sie hätten zweitens den Minister in Gegenwart von Offizieren kritisiert. Was war da passiert?

*Gerd Schmückle:* Der Minister kam damals in dieses Lager und fing an, ziemlich scharf zu reden. Ich habe dann gesagt: "Herr Minister, ich habe in der Wehrmacht gelernt: wenn ich einen Missstand erkenne, habe ich ihn sofort zu melden. Und diesen Missstand habe ich Ihnen gemeldet. Mehr habe ich ja gar nicht gemacht." Darauf hat er gesagt: "Sie sind ferngesteuert, und was weiß ich noch alles." Er hat dann aber eine sehr geschickte Rede gehalten und hat die Offiziere dabei wirklich mitgerissen. Er war ein guter Politiker, das war gar keine Frage. Er hat dann aber einen Fehler gemacht. Als er aus dem Saal hinausging, hat er meinem Kommandeur gesagt: "So, denen habe ich es aber jetzt gegeben." Dann im Büro des Kommandeurs hat er von ihm verlangt, dass ich innerhalb von zwei Stunden meine Arbeit niederzulegen habe und dass ich nach Bonn zurückkehren müsse, um dort meine Entlassung entgegenzunehmen.

- Die weiteren Vorwürfe sind deshalb von großer Bedeutung, weil daraus für die heutige Bundeswehr und für das Verständnis und den Umgang mit der Öffentlichkeit viel entstanden ist. Der Vorwurf Nummer drei gegen Sie lautete: Er will Soldaten in Uniform auf die Zuschauertribüne des Bundestags schicken. Und der vierte Vorwurf war: Er hat Journalisten Auskunft gegeben. Das sind zwei Punkte, die Öffentlichkeit und Öffentlichkeitsarbeit bedeuten. Das ist etwas, das Sie später ja sehr intensiv betrieben haben – wenn man nicht sogar sagen kann, dass Sie diese Öffentlichkeitsarbeit erst eingeführt haben.

*Gerd Schmückle:* Ich habe immer gesagt, es hat nur einen Sinn, die Bundeswehr mit und in der Öffentlichkeit aufzubauen. Mir war klar, dass auch die Reform nur über die Öffentlichkeit möglich ist. Ich glaube, ohne die Journalisten hätten wir das nicht fertiggebracht. Die Journalisten hatten wir immer auf unserer Seite, wenn es um die Reform ging. Und natürlich gab es Kräfte in der Armee, die gegen die Reform waren, die wieder eine alte Wehrmacht wollten oder so etwas Ähnliches. Das sage ich ohne jeden Vorwurf – das ist auch selbstverständlich. Aber Baudissin hat den Kurs sehr gut gehalten, und ich glaube, ich habe ihn über die Presse ganz gut unterstützt.

- Sie haben sieben Verteidigungsminister erlebt, darunter relativ schnell, am Anfang, nach Theodor Blank, Franz Josef Strauß. Das war eine sehr prägende Figur in der deutschen Politik und ganz sicher auch eine prägende Figur beim weiteren Aufbau der Bundeswehr. Ihnen wird nachgesagt, Sie hätten zu Franz Josef Strauß ein besonderes Verhältnis entwickelt. Andere interpretieren es so, als habe Strauß Sie praktisch entdeckt und in diese Position gebracht, in der Sie dann diese Öffentlichkeitsarbeit entwickeln konnten. Was verbindet Sie oder was hat Sie mit Franz Josef Strauß verbunden?

*Gerd Schmückle:* Das war natürlich ein ungewöhnlicher Politiker. Als mir der Inspekteur des Heeres sagte, er hätte mich als Pressereferent für Strauß vorgeschlagen, habe ich gesagt: "Herr General, das lehne ich ab, das mache ich nicht. Wir passen nicht zusammen. Strauß ist eine barocke Natur, ich bin eher eine schwäbische Natur: in Stuttgart im Kessel geboren, über den man nicht so leicht hinaus sieht. Er dagegen ist so ein weltgewandter Mensch. Das geht sicher nicht gut." Da hat der Inspekteur des Heeres gesagt: "Das ist sehr unangenehm für mich, aber ich werde das Strauß sagen." Er hat es ihm gesagt, und am nächsten Tag bekam ich einen Anruf von der Sekretärin, ich sollte sofort zum

## Gerd Schmückle

Minister kommen. Strauß hat dann zu mir gesagt: "Hören Sie mal, ich habe gehört, Sie wollen nicht zu mir kommen als Presserefrent?" - "Das ist völlig richtig. Ich bin in die Armee gegangen, um Truppenoffizier zu werden. Ich will nicht in den Generalstab, und ich will auch nicht bei Ihnen Presseoffizier werden." Dann hat er gemeint: "Gut, das akzeptiere ich." Ihn hat natürlich nur interessiert, was ich für ein Mensch bin, sonst hätte er mich nicht dorthin bestellt. Er sagte dann, er suche sich einen Ersatz, und wenn der nicht könne, würde er mir als mein Oberbefehlshaber den Befehl geben, zu ihm zu kommen. Ich meinte dann: "Ich finde Ihr Angebot sehr fair." Er hat dann Conrad Ahlers vom Spiegel gewollt. Conrad Ahlers konnte aber aus finanziellen Gründen nicht, weil es zu schlecht bezahlt war. Ich glaube, ich bekam damals 800 Mark oder so ähnlich. Ahlers hatte aber noch Dinge aus seinem Elternhaus abzubezahlen und konnte deshalb nicht. Er sagte also ab, und daraufhin hat mich Strauß nochmals zu sich bestellt und hat gesagt: "Ich will Sie jetzt nicht zwingen, obwohl ich das ja machen könnte. Ich will Ihnen aber mal die Politik erklären, die ich mit der Bundeswehr machen will." Das hat mir sehr imponiert, und am Schluss habe ich gesagt: "Gut, probieren Sie es mit mir." Ich habe ihm auch noch gesagt: "Wenn Sie Ihren Ruf mit mir riskieren wollen, ist das Ihre und nicht meine Sache." Da war er gleich wieder ein bisschen misstrauisch, aber als es dann anlief, ging es sehr gut.

- Hat sich daraus ein Verhältnis ergeben, das über die rein dienstliche Zusammenarbeit hinausging? Auch in späteren Jahren: Haben Sie noch Kontakt mit Strauß gehabt?

*Gerd Schmückle:* Ich habe immer, bis zum Schluss, bis zu seinem Tod, Kontakt mit ihm gehabt. Aber es war immer – wir haben beide darauf geachtet – ein distanziertes Verhältnis. Ich sprach ihn mit "Herr Ministerpräsident" und er mich mit "Herr General" an. Manche Gegner von mir behaupteten, ich hätte eine Art Schulterklopf-Verhältnis zu ihm, ich würde ihm immer auf die Schulter klopfen. Ich habe Strauß nie auf die Schulter geklopft, so standen wir nie zueinander. Aber wir haben ein sehr offenes Verhältnis zueinander gehabt. Er war ein enorm großzügiger und enorm anspruchsvoller Vorgesetzter. Er hat mir aber auch freie Hand gelassen, und wir haben eigentlich auch nie Krach miteinander bekommen.

- In der damaligen Zeit spielte die Diskussion um die Atombombe und die atomare Bewaffnung eine große Rolle. Wäre für Sie eine atomare Bewaffnung der Bundeswehr denkbar gewesen?

*Gerd Schmückle:* Strauß wollte eine europäische Atomstreitmacht. Das wäre für mich denkbar gewesen. Er hat dabei mit den Franzosen auch ganz gute Fortschritte gemacht, bis der damalige Verteidigungsminister Chaban-Delmas die Sache durch eine ungeschickte Äußerung an die Öffentlichkeit brachte. Dann war diese Sache natürlich für lange Zeit erst einmal tot. Sie wurde aber durch General de Gaulle ganz getötet, der nur eine französische, keine europäische Atommacht und vor allem die Deutschen nicht dabei haben wollte.

- In der Aufbauphase der Bundeswehr mussten Sie natürlich auch mit den anderen befreundeten Nationen und Streitkräften irgendwann zusammenarbeiten – natürlich auch mit den Franzosen. Nun gab es ja, wenn man so will, eine Art traditionelle Feindschaft gegenüber den Franzosen, die bis zum Ende des Zweiten Weltkriegs unser beider Verhältnis sehr belastet hat. Wie schwer war es für Sie, mit französischen Militärs – dann auch später bei der NATO – umzugehen, zu ihnen ein normales Verhältnis zu entwickeln?

*Gerd Schmückle:* Das begann mit Frankreich. Das Entscheidende war ja diese erste Übung. Sie hat in Mourmelon stattgefunden. Ich habe damals einen Presseoffizier ausgewählt, der den Namen Boulanger trug. Er sprach auch passabel französisch, und es wirkte ganz gut. Mir hat mein Freund, der Journalist Lothar Rühl, erzählt, er sei dort gewesen, als die Deutschen ankamen: Der Zug lief ein, ein Offizier sprang heraus, pfiff, und mit einem Schlag sprangen die Fallschirmjäger aus ihren Waggons. Da hat der Bahnhofsvorstand gesagt: "Mon dieu, es sind dieselben." Aber: Die ganze Bevölkerung war auf unserer Seite, und es war ein großer Erfolg. Genauso war es in England: Die Bevölkerung hat uns freundlich aufgenommen. Schwieriger war es in kleinen Ländern wie in Holland und in Dänemark. Aber auch das wurde überwunden. Ich glaube, Strauß hatte recht, als er sagte: "Erst wenn ein deutscher Soldat in Paris, in Washington oder in London auf der Straße gehen kann, ohne dass sich einer umdreht oder dass eine negative Bemerkung fällt, sind wir durch mit Deutschland. Dann haben wir die Gleichberechtigung erreicht." Und genau das ist wirklich erzielt worden.

- Wäre es damals für Sie überhaupt denkbar gewesen, dass es eines Tages eine deutsch-französische Brigade gibt oder dass deutsche Soldaten bei einem großen Feiertag auf den Champs-Elysées mit marschieren?

*Gerd Schmückle:* An die Champs-Elysées hätte ich nicht gedacht. Ich hätte nicht gedacht, dass die Franzosen das zulassen werden. Das war unter Mitterand, der immer eine große Achtung vor den Deutschen hatte, obwohl es ihm bei uns gar nicht gut gegangen war. So etwas gibt es aber: Ata Türk ist es auch nicht gut gegangen beim deutschen Militär, und er hat die Deutschen trotzdem geliebt. Das war eben Mitterand und die doch sehr enge Verbindung mit Helmut Kohl, die das ermöglicht hat. Das lag auch an der deutsch-französischen Brigade, die als Symbol ja einen sehr hohen Wert hat. Was sie militärisch wert ist, würde der Ernstfall zeigen.

- Sie sind unter dem Verteidigungsminister Georg Leber als stellvertretender Oberbefehlshaber in das NATO-Haupt-quartier nach Belgien gewechselt. Sie haben damals mit dem amerikanischen General Haig zusammengearbeitet, und Sie sind dann Vier-Sterne-General geworden. War das, dieser Schritt, ein Prestige-Gewinn für Deutschland, oder war das mehr ein persönlicher Prestige-Gewinn?

*Gerd Schmückle:* Ich glaube, es war ein Prestige-Gewinn für Deutschland. Ich habe immer die Meinung vertreten, wir kommen in dieser ganzen Atomsache mit unserem Einfluss an eine bestimmte Grenze, die wir nicht überschreiten können. Die Amerikaner werden dann sagen: "Das ist unsere Sache, das machen wir, ihr bekommt so ein bisschen Einfluss in der nuklearen Planungsgruppe und solche Geschichten. Aber wir entscheiden, wann diese Bomben fallen, und wir entscheiden, ob sie fallen oder ob sie nicht fallen." Ich habe auch immer gegenüber den Ministern die Meinung vertreten: "Wir müssen in der Nähe des alliierten Oberbefehlshabers direkt einen Mann sitzen haben, der ungefähr die gleiche Position hat und der ihn im entscheidenden Moment beeinflussen kann." Darauf habe ich Wert gelegt. Das Verhältnis zu Haig wurde so freundschaftlich, dass ich keinen Zweifel daran hatte: Wenn diese Entscheidung vom amerikanischen Präsidenten gekommen wäre, hätte ich das an dem Punkt stoppen können, an dem ich geglaubt hätte, dass es von da an für Deutschland oder für Europa schlecht wäre.

- Haben Sie damals befürchtet oder gesehen, dass die Balance zwischen Amerika und Europa vielleicht in Frage stand, dass diese Balance hätte kippen können? Denn letztlich war Amerika der, wenn man so will, wirkliche Kriegssieger, denn die Amerikaner haben, wenn man das so leger sagen darf, Europa befreit. Europa hat sich ja nicht aus eigener Kraft befreit. Gab es überhaupt eine Balance, oder war das Übergewicht nicht sowieso bei den Amerikanern?

*Gerd Schmückle:* Das Übergewicht war auf atomarem Gebiet eindeutig. Aber ich glaube, gerade General Haig hat ein ausgezeichnetes Gleichgewicht geschaffen. Im übrigen war das bei allen Oberbefehlshabern so, und die Amerikaner hatten auch bei allen Oberbefehlshabern, die sie uns schickten, eine glückliche Hand: General Northstedt – der war ja fast so etwas wie der Kaiser von Europa. Auch Haigs Einfluss auf die Regierungschefs war ungeheuer, auch der Einfluss der Regierungschefs auf General Haig. Nein, ich glaube, dass es ziemlich ausgeglichen war, soweit das zwischen einer Weltmacht, den vier mittleren Mächten und dem Rest der kleineren Mächte möglich war. Es gab ja auch immer ein inneres Gleichgewicht in der NATO. Es gab die eine Weltmacht, dann die mittleren Mächte England, Frankreich, Deutschland und Italien. Und dann gab es den Rest der kleinen Länder, die natürlich als kleine Staaten ein gewaltiges Gewicht hatten – viel mehr, als wenn sie unabhängige Nationalstaaten geblieben wären. Sie hatten in der NATO einen großen Einfluss: gerade Holland, die Türkei, Griechenland, Norwegen, Dänemark. Das war der Vorteil der alten NATO.

- Vielleicht bleiben wir bei einigen dieser Staaten, die nicht ganz unproblematisch waren. Als Sie in der obersten Führungsspitze der NATO waren, konnte man in Griechenland oder in der Türkei nicht gerade demokratische Verhältnisse vorfinden. Es wird Ihnen aus dieser Zeit nachgesagt, Sie hätten diese Länder, auch damals noch Portugal, stärker an die NATO herangeführt, Sie hätten diese undemokratischen Verhältnisse mit überwinden geholfen. Was haben Sie da getan?

*Gerd Schmückle:* Im Fall Portugal glaube ich wirklich, dass ich etwas gemacht habe. Henry Kissinger, der damalige amerikanische Außenminister, hatte ja Portugal schon aufgegeben. Er hatte gesagt: "Portugal ist für die NATO verloren." Ich habe damals den Chef der Junta zu mir in meine Wohnung in Brüssel eingeladen. Ich habe mich aber abgesichert, indem ich Minister Leber anrief und ihm sagte: "Schicken Sie mir jemanden, der dabei ist. Das ist eine so riskante Sache, da kommen die drei Oberbefehlshaber dieser Junta zu mir, und ich habe keine Ahnung, wer sie sind. Ich will einmal versuchen, mit ihnen über ganz einfache militärische Dinge zu reden. Wenn Helmut Schmidt es machen würde, wäre das jetzt im Moment einfach noch zu früh. Aber wir können über Maschinengewehre reden, wir können über Kanonen reden, wir können über Panzer reden." Da habe ich sie eingeladen, und es kamen der Chef der Junta, Pinheiro de Azevedo, ein Admiral, und sein Gefolge zu mir. Minister Leber hatte mir seinen Planungschef Dr. Stützle geschickt. Es waren auch noch der portugiesische NATO-Botschafter und der bilaterale Botschafter der Portugiesen dabei. Ich hatte die Botschafter oben an den Tisch gesetzt, wie es sich gehört, und weiter unten kamen die Generäle. Die Botschafter aber sagten: "Um Gottes willen, setzt nur uns ganz unten hin und die Junta oben, sonst sind wir verloren." Ich habe dann umgesetzt, denn es waren wirkliche Revolutionäre. Es ging an diesem Abend wild zu. Aber da begann für mich mit Azevedo fast so etwas wie eine Freundschaft. Er hat mir eigentlich alles erzählt, was in Portugal vor sich geht. Dann kamen relativ früh deutsche Parteien mit einer vorzüglichen Arbeit nach Portugal. Die CDU und die SPD haben dort wirklich glänzend diese Sache zum Westen und zur NATO zurückgeführt. Bei Griechenland war es anders, da habe ich nicht viel gemacht. Ich habe nur versucht, zwischen der Türkei und Griechenland zu vermitteln. Die Junta haben wir alle zusammen wegbekommen. Aber meine Verdienste, wenn da überhaupt welche waren, bestanden im Vermittlungsversuch zwischen der Türkei und Griechenland. Aber da bin ich letzten Endes auch nicht weitergekommen.

- Inzwischen hat die NATO seit dem Ende des Kommunismus in den Mittel- und Osteuropäischen Staaten eine Wandlung durchgemacht. Die Osterweiterung der NATO wird natürlich eintreten. Da gibt es aber noch Russland. Für Russland ist bis heute die NATO das Feindbild schlechthin. Ist die Osterweiterung der NATO eigentlich sinnvoll, ist sie nötig, oder gäbe es aus Ihrer Sicht heute ganz andere, wenn man so will, friedensstiftende und auch stabilisierende Organisationsmöglichkeiten?

*Gerd Schmückle:* Ich hatte eine andere Lösung vorgeschlagen, auch gegenüber dem damaligen stellvertretenden russischen Verteidigungsminister, der heute Sekretär des Sicherheitsrates ist, also einer der mächtigsten Männer in Russland überhaupt. Wir kennen uns schon lange, und ich habe zu ihm gesagt: "Was würden Sie sagen, wenn wir für diese drei Länder Polen, Tschechien und Ungarn das französische Modell General de Gaulles nehmen? Sie kommen politisch in die NATO, aber nicht militärisch. Sie sind überall drin, aber ihr seid nicht provoziert." Das wäre meine Lösung gewesen, die ich heute noch für elegant halte. Der Verteidigungsminister muss das Jelzin vorgeschlagen haben, denn zwei Monate später hat er, Jelzin, öffentlich diesen Vorschlag in Oslo gemacht. Aber die NATO hat darauf überhaupt nicht reagiert.

Ich finde, das hätte nicht so provokativ gewirkt wie heute diese Totalintegration. Ich finde es auch etwas früh, gleich Übungen mit deutschen Soldaten zu machen. Ich bin in solchen Dingen eher behutsam. Rühe hat das sehr gut gemacht, er war der Vorreiter gewissermaßen und hat das auch fraglos durchgezogen. Er hat dafür auch die Zustimmung im Bündnis bekommen. So sind die Dinge anders gelaufen, als ich sie mir gewünscht hätte.

- Die NATO steht, auch mit sich selbst, an einer neuen Schwelle. Sie denkt darüber nach, ein neues strategisches Konzept zu verabschieden, und da wird sehr viel erwogen: nämlich eine Art Weltpolizei zu sein, ein Ordnungsfaktor, der möglicherweise außerhalb des NATO-Gebiets eingesetzt wird. Oder der mehr europäisch sagen kann, nein, wir wollen unsere eigenen regionalen Verteidigungsbündnisse stärken. Wie weit soll die NATO über ihr eigentliches Gebiet hinaus aktiv werden? Wir haben die konkreten Fälle des Bosnien-Einsatzes, natürlich im Rahmen eines UNO- Mandats. Es ist ja denkbar, dass die NATO letztlich auch, ich sage das einmal ganz drastisch, im Interesse der Weltmacht USA deren Weltpolizei werden könnte.

*Gerd Schmückle:* Ich bin eigentlich dagegen, dass die NATO zu so einer Art Mini-UNO wird, dass das ein Debattierklub wird, der sich kollektives Sicherheitssystem nennt. Das wäre von einer Art wie der alte Völkerbund, der ja auch bei den ersten wirklichen Herausforderungen versagt hat. Die alte NATO als Beistandspakt ist, wie ich fürchte, am Absterben. Das war eine sehr wichtige und gute Sache, die ich mir gerne erhalten würde. Ob das in diesem immer größer werdenden Unternehmen aber noch geht, weiß ich nicht. Ich glaube auch nicht, dass es geht, wenn die Amerikaner glauben, mit einer Interventionspolitik auftreten zu müssen. Man hat das bei der zweiten Golfkrise gesehen, da ist ja schon niemand mehr mit Amerika mitgegangen. In der ersten Golfkrise ging man noch mit, das war ja auch in Ordnung gewesen: Da waren Landräuber, Ölräuber und Bedroher Israels am Werk. Das war schon alles in Ordnung. Aber bei der zweiten Golfkrise standen die Amerikaner alleine. Ob das also mit den Interventionen so weitergeht? Ich bin kein Freund dieser Interventionen, weil ich glaube, dass sie nicht mehr in unsere Zeit passen. Inzwischen haben diese Länder, in denen interveniert wird, gelernt, dass sie sehr gefährliche Partisanenbewegungen ins Leben rufen können. Diesen Partisanenbewegungen sind wir aber nicht gewachsen. Allein schon Somalia: Da hat im Fernsehen das Bild eines amerikanischen GIs genügt, der an einen Jeep gefesselt durch die Straßen von Mogadischu geschleppt wurde, so wie weiland Achill Hektor geschleppt hat – Amerika hat dieses Bild nicht ausgehalten. Die Sache musste abgebrochen werden. Hier muss also die NATO, wenn sie ihren Beistandspakt weiter durchlöchern will, sehr vorsichtig sein, wie ich meine, damit das Bündnis nicht mehr und mehr auseinanderfällt und auch die Amerikaner langsam das Interesse daran verlieren.

- Kommen wir zur Bundeswehr. Die Bundeswehr ist nach der Wiedervereinigung gemeinsam mit den Streitkräften, die die Nationale Volksarmee in der DDR darstellten, auf etwa 300000 Mann limitiert worden. Das heißt, wir werden gar keine Wehrgerechtigkeit mehr erzeugen können: Es können gar nicht alle Leute eingezogen werden, die wehrpflichtig wären. Wir haben auf der anderen Seite eine Reihe von Kriegsdienstverweigerern – wäre es eigentlich nicht sinnvoller und auch gerechtfertigt, die Bundeswehr in eine Berufsarmee umzuwandeln?

*Gerd Schmückle:* Der Sündenfall bestand für mich in der Reduzierung der Wehrpflichtzeit auf zehn Monate. Ich kann natürlich Soldaten, die zehn Monate ausgebildet sind, nicht in einen Ernstfall schicken, auch nicht in einen Verteidigungsfall. Das ist meiner Ansicht nach nicht zu verantworten. Es meinten damals einige Militärs: "Mein Gott, im Zweiten Weltkrieg war die Ausbildungszeit ja noch kürzer." Das stimmt, wir waren aber auch todunglücklich mit diesem Nachwuchs, den wir damals bekommen haben. Man darf nicht Soldaten, so wie das damals geschehen ist, zu einer Art Kanonenfutter machen. Das war ein schlimmes Vergehen an jungen Männern, zum Teil an Kindern von 16 Jahren. So etwas darf sich durch zu kurze Ausbildungszeiten nicht wiederholen. Das zweite ist: Wenn die Intervention wirklich zur offiziellen Politik werden würde, wenn man also nur noch das macht, dann ist es ganz klar, dass eigentlich nur noch eine Berufsarmee in Frage kommen könnte. Denn ich kann doch einen Wehrpflichtigen nicht irgendwohin schicken, wenn die Bevölkerung nicht weiß, für welches Interesse das eigentlich steht. Im deutschen Interesse kann es ja nicht sein. Es kann eigentlich auch nicht in einem Allianz-Interesse sein. Es könnte eher so sein, dass es in der Allianz ein europäisches Interesse daran gibt wie zum Beispiel in Bosnien – wenn das klappt. Aber das wissen wir alles noch nicht. Ich fürchte, dass wir da in eine endlose Geschichte hineingeraten sind. Oder es geht um eine Unterstützung für Amerika, aber da wird die Bevölkerung auch nicht immer mitgehen.

- Gestatten Sie zum Schluss ein ganz privates kurzes Bild auf eine Abkürzung, die sich durch Ihre Aufzeichnungen, Schriften und Bücher zieht: die Abkürzung M. B. Was verbirgt sich dahinter?

*Gerd Schmückle:* Das heißt Maria Benedicta, und das ist meine Frau. Es war die beste Tat meines Lebens, dass ich diese Frau erwischt habe.

- Sie haben in einem Fragebogen diese Frau als die Verwirklichung Ihres Traums vom Glück bezeichnet. Gehen wir noch einmal zu dem General zurück, zu dem Soldaten: "Immer nur gehorsam zu sein, ohne nachzudenken, führt zum Desaster." Das ist ein Zitat, das ich bei Ihnen gefunden habe. Ich wiederhole es noch einmal: "Immer nur gehorsam zu sein, ohne nachzudenken, führt zum Desaster." Das ist doch eigentlich der Gegensatz zur preußischen Gehorsamstugend im Militär?

*Gerd Schmückle:* Ich glaube nicht. Nachdem ich ja verschiedene Kommandeure gehabt habe in meinem Leben, war ich eigentlich immer froh, wenn ich zu einem preußischen Kommandeur kam – möglichst zu einem Adligen. Die waren meistens sehr liberal. Sie konnten ihr Geschäft. Andere konnten das nicht so gut. Nein, da gab es schon viele Freiheiten. Es ist schon richtig, was da auf diesem einen Grabstein stand: Ich habe Ungehorsam gewählt, wo Gehorsam Schande bedeutet hätte.

- Können Sie sich, auch aus einer solchen Haltung heraus, vorstellen und auch verstehen, dass junge Menschen aus Überzeugung eben nicht den Militärdienst leisten, sondern gezielt den Militärdienst verweigern?

*Gerd Schmückle:* Ich habe immer Verständnis gehabt für überzeugte Pazifisten. Das ist natürlich eine edle Idee, ich halte sie einfach nur für weltfremd, für wirklichkeitsfremd und auch für gefährlich. Diese Idee hatte vor dem Zweiten Weltkrieg in England gewonnen und die Streitkräfte in einen so desolaten Zustand geführt, dass England, als es uns damals auf der Seite Polens den Krieg erklärte, den Polen nicht ein Flugzeug, nicht ein Kriegsschiff, nicht ein Fallschirmbataillon zu Hilfe geschickt hat und auch gar nicht schicken konnte, weil so wenig an Substanz da war, dass sie das erst einmal selbst in Ordnung bringen mussten. Der Pazifismus ist als Idee edel, in der Wirklichkeit kann er meiner Ansicht nach zu Desastern führen.

# Dieter Hildebrandt

Autor und Kabarettist[11]

- Herzlich willkommen zum alpha-Forum. Unser heutiger Gast ist Kabarettist, Schauspieler, Buchautor und stand weit über ein halbes Jahrhundert auf der Bühne. Herzlich willkommen, Dieter Hildebrandt. Sie sind Mitte 80, gehen rüstig auf die 90 zu und sind immer noch, wie Sie mir vorhin erzählt haben, 140, 150 Tage im Jahr auf der Bühne. Wie erklären Sie Ihren Enkelkindern, was Sie da eigentlich machen, und vor allem, warum Sie das als alter Opa noch machen?
*Dieter Hildebrandt:* Da täuschen Sie sich in meinen Enkelkindern. Meine Enkelkinder sind 16, 14 und 12 Jahre alt und sind bereits bei mir in der Vorstellung gewesen. Sie haben all das, worüber ich rede, gewusst. Sie haben auch richtig gelacht, obwohl doch der Zugang zur Satire und zur Ironie angeblich erst so mit Mitte 20 irgendwie funktioniert. Bei ihnen funktioniert das bereits in diesem Alter. Das scheint an den Genen zu liegen. Das haben sie aber nicht von mir, sondern von meinem Vater. Die Enkelkinder fragen mich also keineswegs, warum ich das mache, sondern sagen: "Das musst du machen!"
- Haben sich das Ihre Eltern eigentlich auch so vorgestellt, als Sie ein junger Kabarettist waren? Haben Ihre Eltern auch gesagt: "Ja, das ist der Weg, den du gehen musst!"?
*Dieter Hildebrandt:* Nein, mein Vater hat mich ganz anders gesehen. Er hat mich als Großbauern gesehen, und zwar in dem Großbauernbetrieb, den er gegründet hatte in Niederschlesien:

---

[11] Erstausstrahlung am 23.05.2012

mit Kartoffel- und Roggenanbau, denn etwas anderes ist dort gar nicht gewachsen. Wenn nicht das, dann sah er mich als Rechtsanwalt oder als in der Volkswirtschaft tätig. Heute würde man sagen, er hätte gewollt, dass ich BWL oder VWL studiere. Er sah mich also in einem Beruf, in dem man etwas wird, in dem man befördert wird, in dem man auch eine andere Lebensqualität besitzt als herumstreunender Dichter oder als armer Schauspieler usw., der nie ein festes Gehalt bezieht und auch keine Rente bekommen wird.

- Ihr Vater war also, kurz gesagt, ein sehr konservativer Mann.

*Dieter Hildebrandt:* Nun, er kam aus Brandenburg. Und Sie kennen ja bestimmt das Lied von Rainald Grebe: "In Brandenburg, in Brandenburg, is' wieder jemand voll in die Allee gegurkt. Was soll man auch machen mit 17, 18 in Brandenburg." Er ist selbst auf einem Bauernhof aufgewachsen, auf dem ich auch sehr oft gewesen bin. Er hat mich in der Tat in konservativer Weise erzogen, was dann aber später ganz einfach nicht mehr funktioniert hat bei mir.

- Gab es irgendwann einen Bruch, bei dem Sie gesagt haben, "Vater, ich gehe einen anderen Weg!", worauf er dann gesagt hat, "Sohn, lass mich damit in Ruhe!"? Gab es irgendjemand anderen in der Familie, der das, was Sie wollten, unterstützt hat?

*Dieter Hildebrandt:* Meine Generation ist in ihrem Erwachsen-Werden ja nicht normal zu bewerten. Wir wurden ja praktisch ab unserem 15. Lebensjahr immer in Zeltlager gesteckt oder in ein Wehrertüchtigungslager und wir trugen auch eine Uniform nach der anderen. Zu Hause waren wir praktisch nur noch zwischendurch. Als dann der Krieg zu Ende war, waren wir völlig getrennt voneinander, weil ich nicht wusste, wo meine Eltern sind. Meine Eltern wiederum wussten nicht, wo ich bin. Da musste man also alles alleine entscheiden. Und als ich dann nach Hause kam und wieder zu meinen Eltern gestoßen bin, habe ich das fortgeführt: Ich habe meinen Vater nicht mehr gefragt, ob ich und was ich jetzt studieren soll.

– Bleiben wir gleich mal in dieser Jugendzeit: Das war ja die Hitlerjugend, die Nazizeit. Sie waren sechs Jahre alt, als Hitler an die Macht kam. Man kann also nicht sagen, dass Sie dafür damals verantwortlich gewesen wären.
*Dieter Hildebrandt:* Ja, nicht direkt.
– Dann kam Ihre Zeit als Pimpf und in der Hitlerjugend – und dann mussten Sie irgendwann auch noch an die Front. Man hat diese jungen Menschen – heute würde man sie Kindersoldaten nennen – regelrecht verheizt. Gab es damals einen Moment, in dem Sie gesagt haben, "stopp, das kann doch nicht wahr sein, was hier mit mir passiert"?
*Dieter Hildebrandt:* Das begann damit, dass ich es bereits in der Hitlerjugend als ungerecht empfand, dass ich "im Glied" stand und vorne einer alleine stand, der mich angeschrien hat. Ich habe mir gesagt: "Es kann nicht sein, dass er will, dass ich nun 'rechts um' marschiere und dass ich das jetzt auch machen muss!" Es hat sich also bereits damals bei mir so etwas wie ein Widerstand gegen das Schimpfen von Leuten geregt, wenn man zum Beispiel als "blöder Kerl" tituliert wurde. Beim Militär hat ein Ausbilder immer zu mir gesagt: "Lachen Sie nicht, Sie dummes Volk, Sie!"
– Sie sind wohl kein geborener Befehlsempfänger.
*Dieter Hildebrandt:* Ja, nicht so richtig.
– Und genau das spürt man auch, wenn man Sie auf der Bühne erlebt.
*Dieter Hildebrandt:* Aber ich war nicht im Widerstand, denn das war noch einmal etwas ganz anderes.
– Hier kann man vielleicht eine Sache einfügen, die mich ein bisschen irritiert hat. Es gab ja mal eine Diskussion darüber, dass der junge Dieter Hildebrandt mit 16, 17 Jahren ebenfalls in der NSDAP gewesen ist, weil man darüber irgendeinen Zettel gefunden hat.
*Dieter Hildebrandt:* Man hat im Bundesarchiv zwar die Nummer der Parteizugehörigkeit gefunden, aber meine Unterschrift nicht. Damals wurde ein ganzer Jahrgang "dem Führer geschenkt": Das war im Jahr 1944 und eigentlich funktionierte

bereits überhaupt nichts mehr, also "schenkte" uns der Reichsjugendführer Axmann am 20. April 1944 – dieses "Geschenkdatum" steht bei uns allen aus diesem Jahrgang drin – dem Führer. Dadurch war also auch ich automatisch Mitglied der NSDAP. Auf meine Aussage hin, dass ich das nicht gewusst habe und ich automatisch übernommen worden sei, hat der "Focus" dann einen Historiker bemüht – einen Historiker mit ungefähr 40 Jahren.

- Das heißt, der wusste ganz genau, wie es damals zuging.

*Dieter Hildebrandt:* Ja, er wusste besser als ich, wie das war. Denn es gab eigentlich Erlasse, durch die es verboten war, dass man automatisch in die NSDAP aufgenommen wurde. Denn eigentlich musste man dafür "geweiht" werden: Man musste wie beim Zapfenstreich irgendwo auf einem Platz stehen und irgendwelche Lieder singen und treu schauen, bis man aufgenommen wurde. Das musste so sein normalerweise, weil man sonst nicht Mitglied wurde in der NSDAP. Der Historiker wusste das. Ich hingegen wusste, dass es auch anders gewesen ist. Aber er hat auf meine Kenntnisse keine Rücksicht genommen, weil ich ja kein Historiker bin und diese Sache lediglich selbst erlebt habe – was freilich für einen Historiker nicht zählt. Und dann passierte Folgendes: Ich habe mich selbstverständlich auf meine Art gewehrt. Ich hatte eine Vorstellung in Mannheim, in der ich dann erzählt habe, dass es völlig richtig sei, dass man uns nun auf die Spur gekommen ist – obwohl ich doch in allen Büchern, die ich geschrieben habe, immer schon mitgeteilt hatte: "Ich war in der Hitlerjugend! Ich habe damals leider mitgemacht." Aber das hatte eben niemand gelesen. Es ist ja klar, Kritiker lesen einfach nicht alles, was man geschrieben hat. Ich habe das also in der Vorstellung so gesagt und es war auch ein Redakteur vom "Focus" anwesend. Der Veranstalter hat mir das gesagt, denn dieser Redakteur hatte noch schnell irgendeinen Schemel bekommen, weil die Veranstaltung ansonsten ausverkauft gewesen war. Der Herr Redakteur hat also genau aufgepasst, was ich an diesem Abend sagen werde. Das war nicht sehr liebevoll für den "Focus" aber sehr komisch, d. h. das Publikum hat zum Beispiel den Herrn Markwort ausgelacht. Dies gefiel dem Redakteur natürlich nicht und er hatte offensichtlich die Verpflichtung, noch in der Nacht für den Internetauftritt des "Focus" eine Kritik über meine Veranstaltung zu schreiben. Das war die erste schlechte Kritik – ich hatte bereits ungefähr 80 sehr gute – für dieses Programm. Das Problem war aber, dass dieser Redakteur ab der Pause gar nicht mehr da gewesen ist, jedoch über beide Hälften des Programms schrieb.

- Er wusste also, was er zu denken hat, bevor er etwas gesehen hat.

*Dieter Hildebrandt:* Er hat sich einfach gedacht: "Na, es wird halt so weitergehen." Hier habe ich also wieder einmal die Freuden des Journalismus erlebt und wie sich Journalisten manchmal durchs Leben bringen.

- Gehen wir noch einmal einen Schritt zurück in einen kleinen Ort namens Bunzlau, der heute auf Polnisch Bolesławiec heißt. Sie kennen diesen Ort auch aus der Gegenwart, denn Sie waren inzwischen bereits dort. Ist Ihnen von diesem Ort irgendetwas Prägendes geblieben wie zum Beispiel die Schule? Sie gingen dort auf die Opitz-Schule, benannt nach dem berühmten schlesischen Dichter. Gab es da etwas, von dem Sie heute sagen können, dass das bei Ihnen irgendwie gezündet hat? Gab es da einen Lehrer, der Sie gefördert hat? Gab es Mitschüler, die Sie zum Beispiel als besonders witzig in Erinnerung haben?

*Dieter Hildebrandt:* Das ganze Leben in der Schule hat mich geprägt. Vor allem auch das Fußballspielen und die damit zusammenhängenden ersten Erfolge und Misserfolge.

- Sie sind dann ja später fast Profifußballer geworden.

*Dieter Hildebrandt:* Nein, nein, nein! Ich bin nur Fußballliebhaber und habe auch bis zu meinem 60. Lebensjahr gespielt: schlecht, aber doch erfolgreich, denn sie haben mich immer wieder aufgestellt. Das passiert immerhin bei Profis nicht immer: Die sitzen oft mehr auf der Bank, als mir das passiert ist.

- Dafür bekommen sie allerdings mehr Geld.

*Dieter Hildebrandt:* Ich hatte darüber hinaus in Bunzlau Erlebnisse, die in der Tat ganz schwerwiegend waren: Ich habe mich das erste Mal richtig verliebt – und manchmal auch unrichtig. Ich habe dort einem Mädchen den ersten Kuss abverlangt.

- Als Preis für was?

*Dieter Hildebrandt:* Für meine Existenz!

- Ach so.

*Dieter Hildebrandt:* Ich hatte nur ein Fahrrad dabei. Man hatte damals halt nur Fahrräder. Links hielt ich das Fahrrad und an der anderen Hand lief ich mit ihr nach Hause, d. h. ich habe sie nach Hause gebracht. Und dabei habe ich mir die ganze Zeit gedacht: "Heute musst du sie küssen! Heute musst du das schaffen!" Mutig habe ich dann das Fahrrad weggeworfen und sie geküsst. Nach diesem Kuss habe ich wieder mein Fahrrad genommen und bin sofort nach Hause gefahren.

- Wie ist das dann weitergegangen? Oder war das das Ende dieser Beziehung?

*Dieter Hildebrandt:* Nein, nein, das wurden noch mehrere!

- Es gibt aber noch eine andere große Liebe in Ihrem Leben. Ich habe selbstverständlich ein bisschen herumrecherchiert und überrasche Sie vielleicht jetzt doch: Ich glaube, der Name war "Franziska". Das war Ihre Großmutter mit tschechischer Abstammung.

*Dieter Hildebrandt:* Das war die Fanni, meine Großmutter Fanni.

- Sie war Ihnen die nächste Person damals, stand Ihnen wohl noch näher als die eigenen Eltern, wenn ich das richtig verstanden habe.

*Dieter Hildebrandt:* Sie wohnte in der Stadt in einem Haus auf einem Berg. Ich selbst lebte allerdings sieben Kilometer von der Stadt entfernt auf einem Bauernhof und musste mit dem Fahrrad zu ihr fahren. Ich wollte nachmittags immer über den Markplatz gehen, also einen Bummel machen und die Mädchen anschauen und flirten usw. Diesem Marktplatz war ich näher, wenn ich bei meiner Großmutter übernachtete: Also war ich unvermutet immer krank und musste bei ihr über Nacht bleiben.

- Haben Sie dann die Schule auch ausgelassen oder sind Sie trotzdem in die Schule gegangen?

*Dieter Hildebrandt:* Nein, nein, in die Schule bin ich gegangen. Aber nach der Schule wurde ich immer krank und habe zu Hause angerufen und gesagt: "Es geht mir nicht gut, ich bleibe bei der Oma."

- Aber sie war schon auch eine Vertraute von Ihnen, oder?

*Dieter Hildebrandt:* Ja, absolut. Fanni wusste alles. Fanni hatte auch eine Ziege, und wenn ich große Niederlagen in der Liebe erlitten habe, dann bin ich immer zu dieser Ziege gegangen, habe mich neben sie gesetzt und ihr meine Geschichten und mein Leid erzählt.

- Das rührt mich persönlich, denn meine Mutter, die mit 97 Jahren gestorben ist, hatte ebenfalls eine Ziege, und zwar mit Namen Minka. Diese Ziege war ihre größte Vertraute, weil sie selbst aus einer Familie mit sehr vielen Kindern stammte und deswegen oft Konflikte hatte. Es gab in Ihrem Leben aber nicht nur eine Ziege, sondern auch ein Fohlen, das Sie aufgezogen haben.

*Dieter Hildebrandt:* Oh ja, das war schön. Mein Vater hatte mir das Versprechen gegeben, mich zu wecken, wenn – was zu erwarten war – in der Nacht das Fohlen zur Welt käme. Er hat mich auch wirklich geweckt und ich habe dann die Geburt dieses Fohlens miterlebt. Das Fohlen fiel zu Boden, stand aber nach kurzer Zeit auf und wollte bei der Mutter trinken. Aber das war schwierig, denn seine Mutter war kitzlig. Sie verstehen ja etwas von Pferden und wissen daher, was das heißt: Da dieses Fohlen bei der Mutter nicht trinken durfte, hätte es eigentlich verhungern müssen. Da hat mein Vater schnell gehandelt: Er war ja ein Diplomlandwirt und kannte sich daher in all diesen Dingen sehr gut aus. Er sagte zu mir: "Hol dir eine Babyflasche vom Haus. Tu warme Kuhmilch rein und steck einen Nuckel drauf. Du bist jetzt derjenige, der damit alle zwei Stunden zu diesem Fohlen gehen muss." Dieses Fohlen hieß Erika – dieser Name stammte aus dem damaligen "Wunschkonzert" im Radio. Ich habe also dieses Fohlen gesäugt, bis es groß wurde, d. h. ich war dann seine Mutter und es lief mir immer hinterher.

- Es hat also sofort Vertrauen zu Ihnen gefunden, hat sich an Sie gekuschelt usw.

*Dieter Hildebrandt:* Es lief sogar mit in die Küche, was meine Mutter allerdings gar nicht mochte.

- Eines Tages ist aber jedes Fohlen groß und muss in die normale Arbeitswelt gehen.

*Dieter Hildebrandt:* Das stimmt, das ist immer noch eine schmerzliche Erinnerung.

- Das war ein Bruch?

*Dieter Hildebrandt:* Nun, ich musste halt zuschauen, wie es ziehen lernen musste, wie es das Arbeiten lernen musste.

- Wenn Pferde so trainiert werden, wenn sie so an die Arbeit gewöhnt werden, dann spürt man es ihnen regelrecht an, welche Mühe ihnen das bereitet, welche Qual das für sie ist.

*Dieter Hildebrandt:* Ja, selbstverständlich. Davor war die Erika einfach nur immer irgendwo herumgelaufen. Wir haben miteinander geturtelt, auf der Wiese usw. Und plötzlich musste ich sehen, wie sie eingespannt wurde und Wagen ziehen musste usw., was sie eigentlich gar nicht machen wollte.

- Das alles spricht doch dafür, dass Sie eigentlich ein ziemlich sensibler Typ sind.

*Dieter Hildebrandt:* Könnte sein, ja.

- Wenn man Sie jedoch auf der Bühne erlebt, dann sind Sie jemand, der doch auch recht herzhaft austeilen kann.

*Dieter Hildebrandt:* Ich bin aber auch stark im Nehmen.

- Wie hat sich denn das bei Ihnen in der Schulzeit gezeigt? Waren Sie ein besonders aufsässiger Schüler? Waren Sie sehr frech? Haben Sie die Lehrer parodiert? Haben Sie die Klasse zum Lachen gebracht? Oder waren Sie eher ein braver Schüler, der gut mitgemacht hat?

*Dieter Hildebrandt:* Das ist jetzt keine Frage mehr, sondern das haben Sie aus dem Wissen heraus gesagt, das Sie bereits haben. Sie haben mir jetzt erklärt, wie ich war.

- Na ja, ich habe viel über Sie gelesen.

*Dieter Hildebrandt:* Das muss ich jetzt also nicht mehr beantworten: Es war genau so. (lacht)

- Dann ging es aber weiter in Ihrem Leben und es kam diese schreckliche Zeit mit dem Kriegsende. Es ist bereits viel Material dazu über Sie veröffentlicht worden, wie Sie das Kriegsende erlebt haben usw. Sie hatten jedenfalls, kurz gesagt, nicht das große Bestreben, in russische Gefangenschaft zu gelangen. Stattdessen haben Sie einen herzhaften Sprung ins Wasser gewagt und sind durch die Elbe geschwommen, um bei den Amerikanern in Gefangenschaft zu marschieren.

*Dieter Hildebrandt:* Die Angst, zu den Russen in Gefangenschaft zu kommen, entsprang natürlich einer Urangst, die wir alle bereits in den letzten beiden Kriegsjahren gehabt hatten. Auch die Bevölkerung bei uns hat da immer schon gesagt: "Wenn die Russen uns kriegen, dann geht es uns schlecht!"

- Können Sie erklären, worauf das zurückgeht? Denn heute hat man ja ein eher entspanntes Verhältnis gegenüber den Russen. Ich habe selbst viele Jahre in Russland gelebt und kann mir das eigentlich nur irgendwie historisch erklären, denn in der heutigen Zeit kann sich so eine Emotion gar nicht mehr speisen. Woher kam also diese Angst vor den Russen? Das ging ja so weit, dass man in Deutschland nach dem Krieg gesagt hat: "Die Amerikaner haben uns befreit, die Russen haben uns besetzt."

*Dieter Hildebrandt:* Das kam damals von den Fronturlaubern. Die Fronturlauber, die nach Hause kamen, erzählten hinter vorgehaltener Hand, was sie in Russland gemacht bzw. erlebt hatten. Und in jeder Familie bei uns gab es einen, der in Russland mit dabei gewesen war. Außerdem hatten wir ja auch die Kriegsgefangenen, die für uns arbeiteten. Wir hatten bei uns Luftwaffenhelfern vier russische Kriegsgefangene, die uns die Räume sauber machen mussten: Wir wussten, was sie zu essen bekommen, und vor allem, was sie nicht zu essen bekommen und dass sie unglaublichen Hunger hatten. Wir bekamen mit, wie sie behandelt wurden. Diese vier haben uns ebenfalls erzählt, was sie in Russland gesehen hatten. Da kam schon das Gefühl auf: Da kommt eine große Revanche auf uns zu. Das galt eben besonders für die Russen. Von den Russen erzählte man, sie würden alle unter Wodka gesetzt, damit sie unter Frauen und Kindern wüten können. Es gab auch schon erste Gerüchte über deutsche Gefangene bei den Russen, die nach Sibirien abtransportiert wurden. Man wusste von Kameraden, die rüber gegangen waren, weil sie nach Hause gehen wollten: nach Pommern, nach Schlesien, nach Ostpreußen usw. Diese Leute wurden dort gefangengenommen und sofort abtransportiert. Das nun wollte ich nicht erleben.

- Es gab damals viele Grausamkeiten, die sogar von Russen selbst beschrieben wurden. Lew Kopelew war damals Major in der sowjetischen Armee und hat diese Brutalitäten beim Vormarsch aus russischer Sicht beschrieben. Das ist Geschichte, das ist grausame Geschichte, aber darüber sind wir heute hoffentlich hinweg. Wie war das dann für Sie, als Sie zu den Amerikanern gekommen sind? Hatten Sie eine konkrete Vorstellung von den Amerikanern? Denn vieles war ja in Deutschland verboten gewesen: Man durfte keinen Jazz spielen, man durfte keinen Glenn Miller hören usw. Und dann kamen Sie plötzlich in so ein amerikanisches Kriegsgefangenenlager.

*Dieter Hildebrandt:* Die Amerikaner haben uns mit einer gewissen Lässigkeit entgegengenommen: Sie haben sich um uns nicht weiter gekümmert. Ein amerikanischer GI hat mich am Ufer der Elbe empfangen, als ich auf der anderen Seite angekommen war. Ich war da ja fast nackt, weswegen er zu einer Bäuerin gegangen ist und von ihr verlangte, dass sie mich einkleide. Er meinte mit Blick zu mir nur: "No clothes!"

- Hat sie Ihnen die Kleider gerne gegeben?

*Dieter Hildebrandt:* Nein, die war absolut sauer auf mich, weil sie sieben frisch gewaschene Uniformen im Schrank hängen hatte. Es war nämlich so gewesen, dass diese Uniformen alle von Soldaten stammten, die sich bei ihr ihrer Uniformen entledigt hatten, um in Zivil besser verduften zu können. Diese Uniformen gehörten ihr nun: Das waren – denn da waren sogar Offiziersuniformen mit dabei – tolle Stoffe, aus denen sie tolle neue Sachen hätte machen können. Sie musste mir also eine ihrer Uniformen geben. Aber sie hat dabei etwas versäumt: Sie gab mir keine Hose! Das war gemein.

- In welcher Hose sind Sie dann herumgelaufen?

*Dieter Hildebrandt:* In der Unterhose, in einer weißen, langen Unterhose.

- Sie kamen also mit einer weißen, langen Unterhose ins Gefangenenlager? Was sagten dort Ihre Kameraden dazu?

*Dieter Hildebrandt:* Die Kameraden haben nichts gesagt, sondern nur gelacht. Als wir im Gefangenentrupp durch Stendhal marschierten, schaute einer aus dem Fenster raus und rief zu mir runter: "So konnten wir ja den Krieg nicht gewinnen!" Die Amerikaner fuhren eigentlich nur wie Hütehunde in ihren Jeeps an uns vorbei und wir marschierten brav die Straße lang.

- Haben die Amerikaner denn erkannt, dass Sie und Ihre Kameraden eigentlich noch ziemlich junge Burschen waren? Sie waren, wie man heute sagen würde, ja noch halbe Kinder.

*Dieter Hildebrandt:* Wir wurden auch ziemlich schnell entlassen, wegen nachgewiesenem Jugendlich-Sein. Wir waren 17, 18 Jahre alt, ich selbst wurde im Gefangenenlager 18 Jahre alt. Nach drei Monaten wurden wir entlassen.

- Aber man musste ja auch irgendwohin entlassen werden, d. h. man musste angeben, wohin man nun gehen werde. Nach Bunzlau konnten Sie ja schlecht zurückkehren, also mussten Sie sich irgendetwas Neues ausdenken.

*Dieter Hildebrandt:* Wir haben einfach geschwindelt.

- Das geben Sie also heute zu: Sie haben die Amerikaner beschwindelt?

*Dieter Hildebrandt:* Ja, natürlich, aber eigentlich waren das die Engländer.

- Das heißt, Sie wurden im norddeutschen Bereich, in der britischen Zone gefangen gehalten.

*Dieter Hildebrandt:* Wir sind von den Amerikanern den Engländern übergeben worden. Und die Engländer haben sich überhaupt nicht darum gekümmert, wohin wir nun gehen. Sie wollten uns schlicht los werden, denn andernfalls hätten sie uns ja weiterhin ernähren müssen. Wenn wir also angegeben haben, wir würden dahin oder dorthin gehen, dann sagten sie: "Gut, in Ordnung, haut ab!" Wir waren ihnen im Grunde genommen lästig. Wir haben uns dann auf der Landkarte eine Stadt in Niedersachsen ausgesucht, nämlich Neustadt am Rübenberge – das weiß ich noch genau. Dort haben wir uns niedergelassen und den Engländern gegenüber behauptet, wir wären dort zu Hause. Ich habe angegeben, ich würde aus der Hauptstraße 7 stammen.

- Denn eine Hauptstraße gibt es ja überall, genauso wie eine Bahnhofstraße.

*Dieter Hildebrandt:* Ein Auto mit Holzvergaser hat uns mitgenommen und dann in Neustadt rausgeworfen. Ich stand also in Neustadt, schaute auf das Straßenschild – und was sah ich da? Hauptstraße!

- Gab es da auch eine Nummer 7 und sind Sie dann dort tatsächlich reinmarschiert?

*Dieter Hildebrandt:* Nein, das war mir dann egal. Wir fanden ein Haus, das von Kriegerwitwen bewohnt war, die ein paar junge Leute zum Mitwohnen brauchten. Dort sind wir untergekommen.

- Und dort sind Sie in gewisser Weise auch liebevoll aufgenommen worden.

*Dieter Hildebrandt:* Ja. Ich habe mich dann quer über die Straße verliebt.

- Ihre Eltern bzw. Ihre Mutter war ja auch auf der Flucht, war aus Bunzlau mit Ihrem Bruder geflüchtet. Das ist ja eigentlich ein Trauma für alle Leute, die ihre Heimat verloren haben, egal wie sie politisch dazu gestanden haben. Haben Ihre Eltern denn gehofft, jemals wieder nach Hause zurückzukommen?

*Dieter Hildebrandt:* Mein Vater hat das tatsächlich gehofft und deswegen habe ich ihn in Bayern ja auch gefunden. Ich habe nachgedacht und mich gefragt, was er jetzt wohl denken und wo er sich aufhalten wird. Er wird denken: "Es kann nicht sein, dass man uns einfach so von dort vertreibt, dass man uns so einfach die Heimat wegnimmt. Wenn der Krieg zu Ende ist, werden wir sicher wieder zurückkehren können, wie das normalerweise früher auch der Fall gewesen ist." Die Situation war aber nicht normal, und das war auch logisch, denn diesen Krieg hatten wir angefangen: So schnell war da eine Aussöhnung nicht möglich. Ich habe mir also gedacht: "Er wird sich dort aufhalten, wo er, wenn er glaubt, es könnte wieder nach Hause gehen, sein muss, damit er ganz nahe an Schlesien ist." Ich habe mir also die Landkarte angesehen und dort die Oberpfalz entdeckt. Sie lag am nächsten zu Schlesien, denn sie macht sozusagen so eine Art Beule in die tschechische Grenze. In der Nähe der tschechischen Grenze liegt Weiden in der Oberpfalz und in Weiden befand sich auch eine Flüchtlingskartei. Genau dorthin hat es mich gezogen. Dafür bin ich von Hannover aus vier Tage unterwegs gewesen. Nachmittags um vier Uhr ging ich in dieses Archiv mit der Flüchtlingskartei. Um halb fünf Uhr hat sie zugemacht. Ich habe ungefähr zwei Minuten darin geblättert, unter "H" nach dem Namen Hildebrandt gesucht und stieß quasi sofort auf den Namen meines Vaters, der 17 Kilometer von Weiden entfernt untergekommen war. Auf diese Weise habe ich meine Eltern wiedergefunden. So viel sozusagen zu den Möglichkeiten meines Vaters, diesen Krieg als verloren zu betrachten.

- Ihr Vater hat Ihnen dann aber dennoch geholfen, als Sie in Weiden versucht haben, das Abitur zu machen.

*Dieter Hildebrandt:* Ja, und ich habe das nicht nur versucht, sondern auch gemacht.

- Sie haben es geschafft und Sie haben dann ja auch studiert. Aber Ihr Vater muss doch ziemlich gut gewesen sein in Naturwissenschaften usw., d. h. er war schon ein kluger Kopf.

*Dieter Hildebrandt:* Ja, mein Vater war sehr klug. Er hatte für mich sehr einschüchternde Zeugnisse gehabt. Das war geradezu furchtbar.

- Solche Zeugnisse soll man den Kindern nie zeigen.

*Dieter Hildebrandt:* Das war einfach gemein.

- Ich habe ihnen nur meine schlechten Zeugnisse gezeigt.
*Dieter Hildebrandt:* Mein Vater hat sie mir nie gezeigt, es war meine Mutter, die sie mir gezeigt hat, weil sie dachte, dass sie damit einen pädagogischen Effekt auslösen könnte.
- Sie dachte, sie könnte Sie damit motivieren.
*Dieter Hildebrandt:* Ja, von wegen! Er hatte in Griechisch eine Eins, in Hebräisch eine Eins, in Latein eine Eins, in Mathematik eine Eins.
- Schrecklich.
*Dieter Hildebrandt:* Nur im Singen hatte er eine Vier.
- Nein! Bei mir war es genau umgekehrt. Aber reden wir nicht darüber. Sie haben also das Abitur geschafft und dafür davor ein bisschen geschummelt, damit Sie noch in eine Jahrgangsstufe hineinkommen, die Sie eigentlich noch gar nicht besucht hatten.
*Dieter Hildebrandt:* Ja, man hat da beide Augen zugedrückt.
- Sie haben dann sehr, sehr viel gelernt und gebüffelt und es klappte tatsächlich, Sie schafften das Abitur. Dann ging es in Richtung München und in die Theaterwissenschaften. Dort gab es nämlich in diesem Fach einen Professor, der wirklich groß und berühmt war: Arthur Kutscher. Bei ihm haben Sie studiert und es gab da auch noch ein paar andere, später bekannte Namen, die dasselbe taten, zum Beispiel ein Herr August Everding.
*Dieter Hildebrandt:* Everding war mein Freund: Wir saßen die ganze Zeit im Seminar nebeneinander. Dort saß aber auch Maximilian Schell, Thomas Holtzmann, Peter Hacks und weitere ungefähr 20 Leute, die später entweder Theaterkritiker oder so etwas Ähnliches wurden. Der Joachim Kaiser war auch dort, allerdings vor mir: Als ich kam, ging er gerade, hatte er gerade seinen Doktortitel frisch in der Tasche. Dieses Seminar war also gefüllt mit lauter zukünftigen Intendanten und Kritikern. Als wir dann später in all den kleinen Stadttheatern aufgetreten sind, habe ich sie alle wiedergetroffen bei unseren Gastspielen.
- Das heißt, diese Leute sind alle etwas geworden.
*Dieter Hildebrandt:* Ja, fast alle.
- Sie eingeschlossen.

*Dieter Hildebrandt:* Ja, auf einer anderen Schiene, nichts Seriöses also.

- Ich habe mir von Arthur Kutscher ein Zitat herausgesucht: "Theater ist mimisch und nicht literarisch zu erfassen." Mimisch – das ist etwas, was auch Ihre Arbeit sehr stark betrifft. Denn ein Kabarettist arbeitet ja auch viel mit Mimik. Hat Sie denn dieses Studium dahin gebracht, mehr in die Praxis gehen zu wollen und weniger dazu, Wissenschaftler an der Uni zu werden?

*Dieter Hildebrandt:* Genau das war der Effekt. Ich habe gemerkt, dass die Theaterwissenschaft eine Wissenschaft ist, die mir überhaupt nicht passt. Ich wollte ja auch gar kein Theaterwissenschaftler werden, sondern ich wollte zum Theater. Ich dachte, über die Theaterwissenschaft würde man zum Theater kommen. Aber ich habe dann schnell gemerkt, dass von den Theaterwissenschaftlern aus gegenüber den Theaterleuten eine gewisse Verachtung herrschte ...

- Und umgekehrt!

*Dieter Hildebrandt:* Ja, das stimmt. Also habe ich mir gesagt: "So, dann fang ich mal von vorne an!" Aus diesem Grund bin ich dann in München in ein Laienspielseminar gegangen.

- Es gibt in diesem Zusammenhang eine Prüfung, die Sie abgelegt haben, die ich mir aber nicht erklären kann, ich verstehe das einfach nicht. Das war die Schauspielergenossenschaftsprüfung am Münchner Residenztheater. Zu was ist man denn dann qualifiziert?

*Dieter Hildebrandt:* Durch die Schauspielschule, also die Falckenberg-Schule, bin ich durchgefallen bei der Aufnahmeprüfung. Deswegen habe ich dann danach Privatunterricht genommen bei einer wunderbaren Frau, die früher im Residenztheater Schauspielerin gewesen ist. Mit ihr habe ich ein paar Rollen einstudiert und bin dann von ihr bei der Schauspielergenossenschaft angemeldet worden. Dort habe ich diese Prüfung gemacht. Das war völlig sinnlos, denn niemand hat je Rücksicht auf diese Prüfung genommen.

- War das ein Zeugnis, auf dem stand, dass Sie fließend auswendig sprechen können?

*Dieter Hildebrandt:* Es steht drauf, dass ich wohl irgendetwas bestanden habe – aber nur mit Mühe. Diese Prüfung war wirklich völlig sinnlos, war völliger Quatsch und ich hatte dafür auch noch völlig falsche Rollen gespielt. Später habe ich dann gemerkt, dass ich diesbezüglich sowieso ganz falsch gelegen habe.

- Es gibt ja viele Archivblätter über Sie, auch das Internet fließt über, wenn man Ihren Namen eingibt. Auf YouTube kann man viele, viele Filmchen mit Auftritten von Ihnen sehen. Im Munzinger-Archiv jedoch – der alte Munzinger ist ja vor einiger Zeit gestorben – habe ich einen Satz gefunden, den ich eigentlich völlig irre finde: "Am 12. Dezember 1956 wurde Hildebrandt Berufskabarettist." Das klingt wie nach einem Datum der Verbeamtung. Das hat mich doch irgendwie irritiert.

*Dieter Hildebrandt:* Es ist durchaus nicht alles falsch, was da im Munzinger steht, aber dieses Datum gab es so natürlich nicht. Es war so.

- Ich habe hier eine andere Notiz, die besagt, dass Sie so langsam in dieses Metier hineingewachsen sind.

*Dieter Hildebrandt:* Der Tag, an dem ich angefangen habe, Berufskabarettist zu werden, war der Tag, an dem ich verpflichtet wurde, für eine bestimmte Zeit jeden Abend zu spielen – und ich dafür auch noch Geld genommen habe. Denn bis zu diesem Zeitpunkt hatten wir für den Hut gespielt, und das auch immer nur samstags und sonntags in einer Kneipe. Aber von da an spielten wir bei den "Kleinen Fischen" an der Leopoldstraße, und zwar für eine bestimmte Zeit jeden Abend. Ich verdiente 60 Mark am Abend! Dadurch war ich plötzlich ein reicher Mann.

- Das war in welchem Jahr?

*Dieter Hildebrandt:* Das war 1955.

- Ich weiß, dass mein Vater damals ungefähr 180 Mark im Monat verdient hat.

*Dieter Hildebrandt:* Und meine Frau hatte damals in der Konzertagentur 230 Mark im Monat verdient. Bis dahin hatte ich von diesem Geld mitgelebt. Und dann hatte ich plötzlich auch Geld. Ich war damals noch nicht verheiratet und wir wohnten sozusagen in einem "Verhältnis" zusammen.

- Das war damals aber riskant.

*Dieter Hildebrandt:* Oh, das war bei einem kabarettfreundlichen Bäcker.

- Ohne Trauschein! Noch bis in die 60er Jahre hinein hat man doch in München ohne Trauschein gar keine Wohnung bekommen.

*Dieter Hildebrandt:* Richtig, und man durfte, wenn man in Untermiete wohnte, ab 10 Uhr abends niemanden mehr im Zimmer haben. Da kam die Vermieterin und guckte nach, zwar nicht direkt unters Bett, aber sie achtete darauf, dass da nichts ...

- So etwas habe ich selbst noch erlebt als Student in München – einschließlich des Erlebnisses, dass die Vermieterin, als ich mal nicht da war, alle Schubladen aufgemacht und nachgeschaut hat, ob sie vielleicht Liebesbriefe findet, ob ich also ein Verhältnis hätte.

*Dieter Hildebrandt:* Damals wäre die Vermieterin ja noch bestraft worden, wenn es herausgekommen wäre, dass ich über Nacht Frauenbesuch auf dem Zimmer hatte, weil es doch damals noch den sogenannten Kuppeleiparagraphen gegeben hat.

- Richtig.

*Dieter Hildebrandt:* Deswegen sind tatsächlich noch Leute ins Gefängnis gekommen.

- Diese Zeiten haben wir nun aber überwunden.

*Dieter Hildebrandt:* Heute wird gekuppelt, dass es nur so kracht.

- Sie haben dann auf der Bühne ja eine ganze Menge angestellt und viel riskiert. Hatten Sie als Kabarettist ein Vorbild? Kannten Sie jemanden, von dem Sie gesagt haben, dass Sie eines Tages auch einmal so gut wie der oder die sein möchten?

*Dieter Hildebrandt:* Ich war Platzanweiser in der "Kleinen Freiheit" und dort traten sehr gute Kabarettisten auf: Das waren die besten in Deutschland – außer natürlich denen im

Kom(m)ödchen in Düsseldorf, wie ich immer dazusagen muss, denn bei der Familie Lorentz musste man da vorsichtig sein. Und die "Stachelschweine" in Berlin waren natürlich auch grandios: Dass das die Besten waren, durfte man wegen Familie Lorentz zwar auch nicht sagen, aber ...

- Wenn ich in Berlin war, war ein Besuch bei den "Stachelschweinen" auch immer Pflicht.

*Dieter Hildebrandt:* Auch für mich war das immer das Größte. An diesen Beispielen habe ich mich also hochgerankt. Aber wirklich persönlich gelernt habe ich von Werner Finck. Werner Finck war wirklich einer der mutigen Kabarettisten im "Dritten Reich": Er hat sogar noch in der Zeit gespielt, als bereits schon die SA-Leute bei ihm im Publikum saßen. Sebastian Haffner hat in einem wunderbaren Buch – ich glaube, das war in "Geschichte eines Deutschen" – einen Besuch in der "Katakombe" im Jahr 1934 beschrieben. Werner Finck hat dazu selbst gesagt: "Wenn die Leute nach Hause gingen, waren die Sitze ganz kalt – vom Grundeis!" Finck hat mir viel erzählt und er hat bei uns in der "Lach- und Schießgesellschaft" auch oft sein Programm gespielt. Davor hatte ich ihn bereits in der "Kleinen Freiheit" 14 Tage lang jeden Abend gesehen. Für mich war er der Größte, denn er hat unglaublich improvisiert, was dazu geführt hat, dass sein Programm mal eine halbe Stunde länger und mal eine Viertelstunde kürzer war. Das war es, was mir dann selbst vorschwebte.

- Ich finde es bedauerlich, dass eigentlich vergessen wird, was für ein großer Kabarettist er vor allem in der Nazizeit gewesen ist. Er wurde dafür sogar mal kurz ins KZ gesteckt, sozusagen zur Abstrafung. Es gibt von ihm diese herrliche Bezeichnung für diese schreckliche Medaille, die die Soldaten für den Winterfeldzug 1940/41 bekamen: Er nannte ihn den "Gefrierfleischorden". Für solche Bemerkungen konnte man im "Dritten Reich" durchaus auch hingerichtet werden.

*Dieter Hildebrandt:* Ja, schon, aber ich weiß nicht so genau, ob dieser Ausdruck wirklich von ihm stammt.

– Ach so, ich meinte, dieser Ausdruck stammt von ihm – so wird es jedenfalls kolportiert.
*Dieter Hildebrandt:* Meiner Ansicht nach kam dieser Ausdruck aus der Wehrmacht selbst. Aber er hat andere Sachen gemacht, an die man sich erinnern kann. Er kam zum Beispiel ins Gestapo-Gefängnis – diese Geschichte ist wirklich wahr – und ein hünenhafter SS-Mann griff ihn am ganzen Körper ab. Anschließend fragte ihn der SS-Mann barsch: "Haben Sie Waffen?" Daraufhin meinte Finck zu ihm: "Wieso? Braucht man hier welche?" Es gibt Zeugen, die schwören, dass er das wirklich gesagt hat. Auf der Bühne war er im "Dritten Reich", solange er noch spielen konnte, sowieso permanent in Todesgefahr.

– Das ist ja etwas, was die Kabarettisten in der Nachkriegszeit in der Bundesrepublik nicht mehr befürchten mussten.
*Dieter Hildebrandt:* Nein, das mussten wir nicht.

– Das muss man ganz klar sagen, wenn es heißt, dass man als Kabarettist mutig sein müsse.
*Dieter Hildebrandt:* Dieses Wort funktioniert nicht bei Kabarettisten.

– Es hat in der Bundesrepublik keiner seine Existenz riskiert, weil er im Kabarett den Mund aufgemacht hat.
*Dieter Hildebrandt:* Er könnte höchstens ein wenig verwegen sein, ein bisschen kühn und sich zum Beispiel gegen den Veranstalter wenden oder gegen den Fernsehdirektor usw. Aber das ist doch nicht mutig.

– Sie könnten mich hier beschimpfen und nichts würde passieren.
*Dieter Hildebrandt:* Ja, es kann einem nichts passieren. Es kann höchstens sein, dass man dann nicht mehr engagiert wird. Wenn man also so etwas macht, dann ist man verwegen – aber nicht mutig.

– Sie sind jedenfalls immer weiter beschäftigt worden – zu diesen Phasen in Ihrem Leben kommen wir gleich noch. Davor aber muss noch erwähnt werden, dass da eine bestimmte Person in Ihr Leben trat, nämlich Sammy Drechsel, der u. a. auch Sportreporter

beim Bayerischen Rundfunk war. Er hat Sie lange begleitet, hat Regie geführt bei den Programmen der "Lach- und Schießgesellschaft" und später auch noch bei "Notizen aus der Provinz" und beim "Scheibenwischer". War das echte Freundschaft zwischen Ihnen beiden?
*Dieter Hildebrandt:* Ja.
- Wie äußert sich denn echte Freundschaft?
*Dieter Hildebrandt:* Oh, man ist Tag und Nacht füreinander da, man lebt miteinander, man denkt miteinander, man hat seine Streitigkeiten miteinander, man ärgert sich gemeinsam, man freut sich gemeinsam. Das heißt, man erlebt alle Höhepunkte des Berufslebens und auch des Privatlebens miteinander.
- Er hat Ihnen also echt unter die Arme gegriffen.
*Dieter Hildebrandt:* Er hat mir geholfen, als ich nicht mehr wusste, wie es weitergeht.
- Was waren das zum Beispiel für Situationen?
*Dieter Hildebrandt:* Meine Frau und ich bekamen unser erstes Kind, waren noch nicht verheiratet. Dieses Kind war also bereits unterwegs, hatte sich bereits einen Monat lang bemerkbar gemacht bei meiner Frau, aber wir hatten immer noch keine gemeinsame Wohnung. Ich wusste einfach nicht, wie das nun weitergehen sollte. Ich brauchte nämlich 2000 Mark für eine Wohnung in der Augustenstraße ...
- Oh! War das für die Kaution?
*Dieter Hildebrandt:* Ja, aber 2000 Mark waren für mich unbezahlbar damals. Mein Vater, der selbst auch kein Geld hatte, hat sich dann bei seiner Raiffeisenbank in der Oberpfalz mit Müh und Not 1000 Mark geborgt und mir dieses Geld überwiesen. Also brauchte ich "nur" noch 1000 Mark. Aber ich hatte keine Ahnung, woher ich dieses Geld nehmen sollte. Plötzlich tauchte Sammy mit seinem Auto bei mir auf – er war damals ja schon beim Bayerischen Rundfunk angestellt – und fuhr mich zur Zeitschrift "Quick". Bei der "Quick" kannte er nämlich jemanden, dem er einen Fußballerroman versprochen hatte. Wir beide hatten mal zusammen einen Roman über Helmut Rahn geschrieben. Sie

hatten das gelesen und anschließend gesagt: "Ach ja, das muss man nicht unbedingt drucken!"
 - Dafür gab es also zunächst einmal kein Geld.
*Dieter Hildebrandt:* Er ging also zur "Quick" und sagte ganz frech: "Wie ist das eigentlich mit dem Geld für den Roman?" Er hat schlicht gelogen und so gaben sie ihm 2000 Mark. Er kam also nach einer halben Stunde wieder runter zum Auto: 1000 Mark hat er selbst genommen und die anderen 1000 Mark legte er vor mich hin und meinte, "gut, diese Sache wäre erledigt".
 - Das ist echte Freundschaft. Machen wir einen ganz, ganz großen Sprung. Sammy Drechsel ist gestorben, nachdem auch Ihre Frau gestorben ist, die Sie über lange Zeit gepflegt hatten. Solche Todesfälle sind ja Einschnitte, verursachen eine Zäsur. Würden Sie denn sagen, dass auch Ihr Leben damals eine Zäsur erlitten hat, als zuerst Ihre Frau und dann Sammy Drechsel gestorben ist?

*Dieter Hildebrandt:* Ja. Ich habe damals quasi fünf Jahre im Krankenhaus bei meiner Frau verbracht. Man wusste zwar ganz genau, dass es zu Ende gehen wird, aber es war dann trotzdem ein Schock. Denn irgendwann glaubt man ja, dass es immer so weitergehen wird: "Das ist zwar schlecht, aber es geht weiter!" Und dann passiert es doch und jemand stirbt. Die Einsamkeit und vor allem die Vorwürfe, die man sich selbst macht, sind sehr hart, weil ich ja die ganze Zeit auch noch meinem Berufsleben nachgegangen bin und zu wenig Zeit mit ihr verbracht habe. Das sind alles Dinge, die einem immer und sofort durch den Kopf gehen, wenn jemand, den man sehr liebt, stirbt. Ich brauchte Jahre, bis ich das überwunden habe. Denn ein halbes Jahr später starb auch noch Sammy. Das war ebenfalls voraussehbar, denn er hatte Bauchspeicheldrüsenkrebs, der ja meistens sehr schnell zum Tod führt. Ich fühlte mich damals wirklich alleine, völlig alleine. Ich hatte nur noch meine beiden Töchter: Sie waren es, die mich dann über diese Zeit hinweggebracht haben.
 - Gut, dass man solche Töchter hat.
*Dieter Hildebrandt:* Ja, ich war sehr dankbar dafür.

- Kinder sind etwas Tolles.
*Dieter Hildebrandt:* Ja.
- Sie haben dann eine neue Beziehung gefunden, die Sie sehr glücklich macht. Ich denke, das ist wohl auch der Grund dafür, dass Sie heute noch auf der Bühne stehen. Machen wir noch einmal einen Sprung zurück und sprechen über drei ganz bestimmte Phasen in Ihrem Leben. Da gab es die "Lach- und Schießgesellschaft", dann die "Notizen aus der Provinz" und anschließend den "Scheibenwischer": Das sind eigentlich die drei riesigen Säulen, die man, auch wenn man nicht alles von Ihrem Leben weiß, mitbekommen hat, wenn man in den letzten Jahrzehnten mal das Fernsehen eingeschaltet hat. Ich bin kein sehr großer Fernsehzuschauer, aber wenn es Hildebrandt gab, dann habe ich den Fernseher angemacht.

*Dieter Hildebrandt:* Es gibt ja auch den berühmten 10-Phasen-Reiniger! Ich würde aber auch meinen, dass man keine Phase vergessen darf. Ich würde daher mein Leben lieber in vier Phasen einteilen – und das, obwohl ich mal einen Professor hatte, der alle Dichter immer in drei Phasen verhackstückt hat. Die erste Phase war nämlich bereits hier im Bayerischen Fernsehen. Denn der BR kam eines Tages bei uns an, weil sie Interesse an uns hatten. Sie fragten uns, ob wir unsere Programme der "Lach- und Schießgesellschaft", die sehr erfolgreich waren, nicht auch im Fernsehen spielen möchten, ob wir daraus nicht jeweils eine Sendung machen könnten. Wir haben am Anfang sogar noch gesagt: "Nein!" Denn das ist ja wie im Zirkus: Wenn man die Vorstellung eines Zirkus' schon mal im Fernsehen gesehen hat, dann geht doch keiner mehr selbst in die Vorstellung.

- Das heißt, Sie hatten Angst, dass da keine Besucher mehr live ins Kabarett kommen würden.

*Dieter Hildebrandt:* Aber da hatten wir uns natürlich arg getäuscht. Wir haben dann auch brav jedes Jahr eine Fernsehsendung gemacht: Das erst hat uns wirklich bekannt gemacht. Und das hat dazu geführt, dass wir auf Tournee gehen konnten, weil uns die Leute aufgrund dieser Sendungen auch außerhalb Münchens kannten. Das war eine ganz wichtige Phase meines Lebens: Wir haben wenig verdient, aber bekamen sehr gute Kritiken, d. h. wir haben uns damals unseren Ruf erworben. Das war die erste Phase meines Lebens. Dann kamen die "Notizen aus der Provinz", als ich angefangen habe, selbst eine Fernsehsendung zu machen. Ich lege Wert darauf, nicht zu sagen: "Ich hatte eine Fernsehsendung." Nein, ich habe keine Fernsehsendung gehabt, ich habe sie gemacht, und zwar mit anderen zusammen: zum Beispiel mit Sammy. Das haben wir sechs Jahre lang gemacht, bis uns Dieter Stolte die Tür gewiesen hat. Aber die nächste Tür war sofort offen für uns.

- Das war wirklich sofort danach.

*Dieter Hildebrandt:* Wir hatten diesen neuen Vertrag bereits in der Tasche, als er noch keine Ahnung davon hatte.

- Das heißt, Sie konnten damals dem ZDF-Intendanten Stolte aufrecht gegenübertreten.

*Dieter Hildebrandt:* Das mit dem Aufrecht-Gegenübertreten hatten wir auch vorher schon versucht. Das hat er aber gar nicht so goutiert, ich glaube, das Unterwerfen war er mehr gewohnt. Wir verstanden uns eigentlich gar nicht.

- Wir haben ja bereits festgestellt, dass Sie kein geborener Befehlsempfänger sind und auch niemand, der sich gerne unterwirft.

*Dieter Hildebrandt:* Aber ich bin ein guter Vorschlagsempfänger. Wenn mir jemand Vorschläge macht und mir sozusagen mitteilt, es wäre schön, wenn ich das wirklich machen würde, weil ihm viel daran läge, dann schaue ich mir diesen Vorschlag wirklich gerne an.

- Es gibt also schon auch eine Art, Sie zu gewinnen?

*Dieter Hildebrandt:* Ja, natürlich.

- Sie gingen mit der Sendung "Scheibenwischer" zum SFB.

*Dieter Hildebrandt:* Ja, zu Herrn Wolfgang Haus

- Der SFB ist wohl derjenige Sender, der in kürzester Zeit die meisten Intendantenwechsel zustande gebracht hat.

*Dieter Hildebrandt:* Aber nicht unseretwegen.

- Das weiß ich natürlich nicht.

*Dieter Hildebrandt:* Nein, sicher nicht.
- Man kann aber schon sagen, dass Sie Ihr Verhältnis zu Intendanten immer eher als Feindberührung definiert haben. Das heißt, da herrschte nicht immer die beste Freundschaft.
*Dieter Hildebrandt:* Nun, das war, sagen wir mal so, nicht unser Fehler. Es war einfach so, dass wir auf der Bühne die nötige Distanz zum Intendanten hergestellt haben. Einer der Intendanten des SFB kam übrigens vom Bayerischen Fernsehen: Er hat sich uns gegenüber aber sehr fair verhalten. Es war so, dass es damals eine Pressekonferenz gegeben hat, in der wir gefragt wurden, was wir glauben, was mit dem "Scheibenwischer" passieren wird, wenn dieser neue Intendant kommt: "Der wird Sie doch gar nicht mögen!" Ich habe darauf geantwortet: "Der Intendant hat Gott sei Dank mit dem Programm selbst gar nichts zu tun, das macht nämlich der Programmdirektor. Der Intendant ist der Intendant."
- Und der schwebt so ein bisschen drüber.
*Dieter Hildebrandt:* Ja, da herrschte dann ein gewisses Erstaunen, weil diese Ansicht wohl noch niemand so richtig vertreten hatte. Aber das hat die Sache gleich zurechtgerückt: Mit diesem Intendanten habe ich keine Feindschaft gehabt. Er war zwar politisch völlig auf der anderen Seite, aber er war fair. Davon gab es aber nur ein paar. Nehmen wir als Beispiel den früheren Intendanten Steigner vom SFB. Wir haben mal eine Sendung gemacht, in der wir den Bundespräsidenten hart angegriffen haben, weil er wiedergewählt wurde und wir darüber böse waren. Die SPD bzw. Wehner hatte nämlich in Sachen Bundespräsident mit der CDU einen Deal gemacht: "Wenn wir zustimmen, dass Lübke weiterhin Präsident bleibt, dann verlangen wir dafür den Einstieg in die Regierung, d. h. es muss dann eine Große Koalition geben." Darüber waren wir sauer. Als das herauskam, hatten wir eine Livesendung beim SFB und dabei ...
- In diesem Zusammenhang gibt es einen schönen Satz über Lübke von Ihnen. Kennen Sie diesen Satz noch?

*Dieter Hildebrandt:* Ja. Ich habe u. a. gesagt: "Ich weiß, dass der Bundespräsident ein Tabu ist, aber auf Dauer ist mir ein Tabu als Bundespräsident zu wenig."

- Das hätte man bei uns in Deutschland einige Jahrzehnte später fast noch einmal sagen können.

*Dieter Hildebrandt:* Ja, ich habe das auch tatsächlich noch einmal gesagt.

- Da wir nun zum Ende unseres Gesprächs kommen, würde ich eine Sache gerne noch klarstellen. Es gibt ja eine Zeitung mit dem Namen "Vorwärts". Dieser "Vorwärts" hat einmal über Sie geschrieben, Sie seien ein jahrzehntelanges Mitglied der SPD.

*Dieter Hildebrandt:* Das bin ich nicht.

- Das heißt, das können wir hier offiziell dementieren.

*Dieter Hildebrandt:* Ja, das ist gelogen.

- Gut, danke. Das ist schon mal ganz wichtig, denn dann kann man auch freier damit umgehen, wie Sie eigentlich mit der Politik.

*Dieter Hildebrandt:* Der von mir auch beruflich hoch verehrte Wolfgang Neuß, der heute leider Gottes fast schon vergessen ist, hat einmal gesagt: "Tritt nicht ein in die SPD! Ich bin eingetreten, aber auch gleich wieder ausgetreten."

- Sie haben eine Figur in der SPD immer mit einer gewissen Sympathie begleitet. Zu dieser Figur haben Sie auch eine wunderschöne fiktive Abschiedsrede geschrieben, nämlich über Herbert Wehner. In dieser Rede drücken Sie manches so leidenschaftlich aus, wie Wehner auch selbst gewesen ist. Ich weiß nicht, ob Sie sich selbst an das Ende dieser Ihrer Rede erinnern können.

*Dieter Hildebrandt:* Ja, das kann ich.

- Das ist etwas, was ich mir eigentlich auch als Motto bei Ihnen hätte vorstellen können, nachdem ich so ein bisschen über Ihr Leben gelesen habe und was ich nun mit Ihnen erlebt habe. Wollen Sie es zitieren oder darf ich es zitieren?

*Dieter Hildebrandt:* Bitte!

- Sie legen Wehner in den Mund, was ich Ihnen jetzt in den Mund lege, weil es ja von Ihnen stammt: "Ich hoffe, das Hohe Haus wird mir meine Leidenschaft verzeihen, ich hätte Ihnen die

Ihre auch gerne verziehen." Ich könnte mir vorstellen, dass das etwas ist, das auch für Sie gilt und für den Gegenstand, mit dem Sie es zu tun haben.

*Dieter Hildebrandt:* Das ist richtig. Und das hat auch mit dem Beruf des Politikers insgesamt zu tun: Wer im Parlament sitzt und leidenschaftslos ist, sitzt dort falsch. Ein Abgeordneter, ein Delegierter zu sein, bedeutet ja nicht, dass man in finanzieller Hinsicht reich wird, sondern es bedeutet, dass man reich wird an Inhalten, an Leidenschaft, an Gebraucht-Sein, dass man Rhetoriker wird, dass sich das eigene Hirn füllt usw.

- Aber genauso wichtig ist es doch wohl auch, dass der Kabarettist mit innerer Überzeugung leidenschaftlich ist. Ich sehe bei Ihnen den Unterschied, den Sie machen zwischen Kabarettisten und den Comedians, die es heute überall gibt und die doch eher Possenreißer sind, wie ich meine.

*Dieter Hildebrandt:* Nicht alle. Wir haben ja z. T. diese Klamotten auch gemacht, wir sind in unseren Programmen schon auch als Comedians tätig gewesen. Wir lieben das hemmungslos lachende Publikum ganz besonders und ich selbst bin zum Beispiel ein furchtbarer Fan von Kalauern: Ich reiße manchmal wirklich harte Kalauer und Witze. Wenn ich mit meinem Freund Hanitzsch zusammensitze, dann sind wir manchmal sogar unerträglich. Aber: Das Kabarett selbst durfte nie eine Aneinanderreihung von Witzen sein, was bei Comedians und Komikern ja oft der Fall ist. Ich habe viele dieser Leute ja selbst kennengelernt in meinen jungen Jahren und habe mich über sie totgelacht, wenn sie einen Witz nach dem anderen erzählt haben. Das ist also schon in Ordnung so: So soll das sein! Aber das gehört für mich nicht zum Kabarett. Das Kabarett hat eine Pointe, aber die Pointe muss nicht unbedingt zum Lachen sein, sondern sie muss schlicht auf den Punkt gehen – und deswegen heißt das ja auch Pointe.

- Und sie soll zum Nachdenken anregen. Das war Dieter Hildebrandt, der uns auch in diesem Gespräch tatsächlich wieder zum Nachdenken gebracht hat. Vielen Dank, Herr Hildebrandt.

*Dieter Hildebrandt:* Ich danke fürs Zuhören.

# Wibke Bruhns

Journalistin[12]

- Herzlich willkommen zum alpha-Forum, verehrte Zuschauerinnen und Zuschauer. "Mangel an Konformismus", das schrieb einst ein Chefredakteur einer jungen angehenden Journalisten in ihr Zeugnis. Mangel an Konformismus ist aus meiner Sicht auch ein Markenzeichen von ihr geblieben, ein Markenzeichen der Journalistin und Buchautorin Wibke Bruhns. Herzlich willkommen, Frau Bruhns, bei uns im alpha-Forum.
*Wibke Bruhns:* Vielen Dank für die Einladung.
- Ich habe, wie man das bei der Vorbereitung auf so eine Sendung eben so macht, ein wenig über Ihr Leben nachgelesen. Es gibt ein neues Buch von Ihnen, das den Titel trägt "Nachrichtenzeit. Meine unfertigen Erinnerungen". Diesem Buch entnehme ich, dass Sie mindestens 12, wenn nicht 13 oder 14 Lebensstationen an verschiedenen Orten verbracht haben. Zu diesen Orten gehören u. auch London und Stockholm, d. h. Sie haben als Kind Schwedisch gesprochen. Sie haben im Nahen Osten gearbeitet, in den USA gearbeitet, in Frankreich gelebt und dazwischen gab es noch viele verschiedene Stationen in Deutschland selbst. Wie definieren Sie denn heute für sich im Rückblick den Begriff Heimat?
*Wibke Bruhns:* Gar nicht. Ich habe mit diesem Begriff nie etwas anfangen können, denn Heimat ist immer dort, wo ich gerade bin. Ich muss schön wohnen, das ist die Grundvoraussetzung dafür. Ich muss gut eingerichtet sein und muss auch alle Facilitys

---

[12] Erstausstrahlung am 27.09.2012

um mich herum haben, die ich für mein Wohlbefinden brauche. Und wo das ist, ist egal.

- Ich möchte Ihnen da doch ein bisschen widersprechen, denn ich nenne mal einen Namen, nämlich den Ort Ingolsheim im Elsass. Hat der nicht eine besondere Bedeutung für Sie gehabt?

*Wibke Bruhns:* Ja, die hatte er, aber eben nicht wirklich als Heimat.

- Für Sie war also auch dies nur eine Phase des Zuhause-Seins.

*Wibke Bruhns:* Ja, ich habe das gekauft und gebaut, denn ich wollte einmal in meinem Leben ein Haus bauen – eigentlich gehört das zu den Dingen, die man tun muss, wenn man ein Mann ist, aber ich wollte das eben auch als Frau so machen. Aber ich wusste schon beim Bau, dass ich nach zehn Jahren auch von dort wieder weggehen werde. Denn zehn Jahre auf dem Dorf reichen mir, dachte ich. Und das war auch so. Diese Zeit dort war wunderbar, aber dann wollte ich doch wieder zu Fuß ins Kino gehen können, wollte also wieder mitten drin sein in einem städtischen Leben. Ich bin dann ja auch wirklich in die Mitte von Berlin gezogen, also nicht ins Ländlich-Grüne oder so, sondern wirklich in die Mitte. Diese zehn Jahre auf dem Land waren gut, aber ich wusste schon vorher, dass das nicht länger dauern würde.

- Sie haben in Ihrem Leben nicht nur viele Stationen durchlaufen, sondern Sie haben in Ihrem Leben auch ziemlich viel nach hinten in die Vergangenheit geschaut. Sie haben unter anderem ein Buch geschrieben, das ich vor längerer Zeit gelesen habe und das mir besonders nahe gegangen ist. Es trägt den Titel "Meines Vaters Land". Dieses Buch ist in viele Sprachen übersetzt worden, soweit ich weiß, in mindestens zwölf Sprachen.

*Wibke Bruhns:* Ja, wenn nicht mehr.

- Mehr als eine halbe Million Menschen haben dieses Buch weltweit gelesen, es hat also weltweit Resonanz gefunden – worauf wir aus einem bestimmten Grund später noch zu sprechen kommen. In diesem Buch geht es um einen Mann, der Ihnen eigentlich ganz vertraut sein sollte, den Sie aber offensichtlich erst sehr spät wirklich entdeckt haben, nämlich um Ihren Vater. Sie sind ja ein Vorkriegskind: Was ist von Ihrem Vater übrig geblieben in Ihrer konkreten Erinnerung? Ihr Vater war Abwehr-Offizier und wurde 1944 in Plötzensee als Mitwisser des gescheiterten Attentats auf Hitler hingerichtet. Was haben Sie als Kind von diesem Vater überhaupt wahrgenommen?

*Wibke Bruhns:* Ich denke mal, ich habe eine ganze Menge wahrgenommen, aber meine Erinnerungen sind irgendwie ausgelöscht worden in diesem Großangriff auf Halberstadt am 8. April 1945: Da brannte diese Stadt wie vorher schon Dresden. Offensichtlich ist alles, was davor in meinem Leben passiert ist, irgendwie ausgelöscht, verbrannt, verschüttet worden. Ich kann mich an nichts mehr erinnern, was davor in meinem Leben passiert war. Meine Erinnerungen setzen ein mit diesem Bombenangriff. Und deswegen kann ich mich auch nicht an meinen Vater erinnern, da er bereits im Jahr 1944 hingerichtet worden ist. Alles, was in diesem Buch drinsteht, habe ich aus Dokumenten.

- Ich habe mir aus diesem Buch ein Zitat herausgenommen, das ich ganz gerne hier vorlesen möchte, weil ich glaube, dass das sehr viel über den Zeitgeist besagt, den Sie beschreiben, über Ihre Familie und über das, was wir alle in der Nachkriegszeit bewältigen mussten: "Da dürfen Juden, deutsche Staatsbürger, nicht mehr wählen und können nicht eingezogen werden. Mischlinge dürfen in der Wehrmacht nicht mehr Vorgesetzte sein, Juden wird die Lizenz als Dolmetscher, Wirtschaftsprüfer, Amtstierarzt und Schornsteinfeger entzogen. Jüdische Viehhändler erhalten Berufsverbot, jüdische Ärzte dürfen nichts mehr attestieren ... Doch wer guckt schon hin?" Das Faszinierende an der Familiengeschichte, die Sie beschreiben, ist ja, dass auch Ihre Mutter und Ihr Vater zunächst einmal sehr konform gegangen sind mit dem Zeitgeist des Nationalsozialismus.

*Wibke Bruhns:* Ja, das sind sie, und zwar alle beide. Beide waren ja auch Parteimitglieder, meine Mutter später als mein Vater. Das hatte aber nichts zu tun mit ihrem möglicherweise erst spät erwachten Wunsch, in die Partei einzutreten, sondern schlicht damit, dass es 1933 einen Aufnahmestopp gegeben hat. Erst am 1.

Mai 1937 konnte man, wenn ich das richtig weiß, wieder in die NSDAP eintreten. Und schwupp, da war meine Mutter sofort mit dabei.

- Ich komme deshalb darauf zu sprechen, weil Sie ja eine sehr engagierte Journalistin sind und sich gerade in der Zeit des Aufbruchs der 68er-Jahre vor allem auch für Offenheit in unserer Gesellschaft engagiert haben. Damals haben wir alle demonstriert mit dem Spruch "Unter den Talaren, der Muff von 1000 Jahren". Im Grunde hatten wir als jüngere Generation damals alle den Eindruck, dass wir das schlimme Erbe der Nazizeit bei uns noch nicht wirklich bewältigt haben.

*Wibke Bruhns:* Das stimmte ja auch. Ich behaupte sogar, dass das alles überhaupt erst mit dieser Studentenbewegung angefangen hat – so problematisch sie auch gewesen ist. Und klar, es war schon so, dass wir immer alle Antworten schon wussten, bevor überhaupt die Fragen gestellt wurden. Wir waren natürlich auch neunmalklug und haben gesagt, dass uns das nie passiert wäre. Und die Altvorderen waren die Nazis, und zwar alle! Wir haben da sicherlich oft das Kind mit dem Bade ausgeschüttet, aber das hat doch eine Menge in Bewegung gebracht und wir wären heute nicht da, wo wir sind in der Beschäftigung mit unserer Vergangenheit, wenn es diese Jahre um 1968 nicht gegeben hätte.

- Was hat Sie damals motiviert, sich so zu engagieren? Ich entnehme dieser Ihrer Lebensgeschichte in Buchform, dass Sie in vielen verschiedenen Situationen mit großer Leidenschaft, manchmal auch mit Tränen, mit Wut und auch mit Schreien, also mit emotionalen Äußerungen Ihren Empfindungen Ausdruck verliehen haben. Was war denn Ihr Antrieb, sich so zu engagieren?

*Wibke Bruhns:* Ich hätte das damals nicht so formuliert, aber ich glaube, ich habe doch sehr gelitten unter dem Konservativismus der Adenauer-Zeit. Man muss sich ja nur einmal in Erinnerung rufen, wie wir damals aufgewachsen sind. Da sträuben sich einem heute noch die Haare! Damals gab es noch den berüchtigten § 175, den Kuppeleiparagrafen usw. Es war auch so, dass meine Generation die Anti-Babypille nicht bekommen konnte, wenn wir nicht verheiratet waren usw. Das war also auf meiner Seite zunächst einmal die reine Opposition. Und das überlappte sich mit der Tatsache, dass es einen Mann wie Willy Brandt gegeben hat, der eine, wie ich fand, makellose Biografie hinter sich hatte. Dafür wurde er aber von eben diesen Adenauer*Wibke Bruhns:* Epigonen in einer Weise geschmäht, dass das meinen Widerspruchsgeist deutlich geweckt hat.

- Ich bin zehn Jahre jünger als Sie, aber ich erinnere mich noch sehr gut daran, wie in den Wahlkämpfen damals Willy Brandt nahezu als Volksverräter gebrandmarkt wurde, weil er in der Nazizeit nicht in Deutschland war, sondern von außen gegen dieses Nazideutschland gekämpft hat. Das muss man sich mal vorstellen!

*Wibke Bruhns:* Er kam nach dem Krieg noch in norwegischer Uniform zurück. Norwegen ist ja im Jahr 1940 von den Deutschen überfallen worden. Und ihm machte man zum Vorwurf, dass er in norwegischer Uniform als Militärattaché zurückgekommen ist: Das fand ich unglaublich.

- Ich glaube, das haben wir damals alle als Perversion des politischen Denkens empfunden: Das war eine wirkliche Umkehrung der Werte. Und so kam es auch deswegen zu diesem Aufbruch, sich mit dieser Zeit intensiver auseinanderzusetzen. Sie waren in dieser Zeit als politische Korrespondentin sehr nahe am politischen Geschehen dran. Davor jedoch hatten Sie ein relativ breites Spektrum an Medien durchlaufen. Sie waren u. a. bei der "Bild", wo Sie Ihr Volontariat gemacht haben und von wo das Zitat stammt, das ich zu Beginn gebracht habe. Dort haben Sie jedoch vorzeitig hingeschmissen. Es wird immer gerätselt, warum Sie denn eigentlich damals bei der "Bild" hingeschmissen haben. Was war denn der wirkliche Grund?

*Wibke Bruhns:* Das war ganz einfach. Die "Bild" hatte damals eine Schlagzeile mit ungefähr folgendem Inhalt: "1933 geschah Unrecht, aber wir haben geschwiegen. 1961 schweigen wir nicht!"

- Das kann man nicht vergleichen.

*Wibke Bruhns:* Eben, das fand ich auch einen Vergleich von Äpfeln mit Birnen. Ich hatte nichts mit der DDR am Hut, aber den Mauerbau der DDR mit Hitlers Machtergreifung in einen Topf zu werfen, ging einfach nicht. Und daraufhin habe ich gesagt: "Das mache ich nicht mit! Ich gehe!" Ich hatte für dieses Volontariat das Studium abgebrochen und nun auch das Volontariat abgebrochen. Das waren wirklich die "besten" Voraussetzungen für eine Karriere, das kann ich Ihnen sagen.

- Und Sie waren auch noch eine Frau.

*Wibke Bruhns:* Ja, das kam auch noch dazu.

- Und das in einer Zeit, in der man von der Emanzipation der Frau noch keineswegs sprechen konnte.

*Wibke Bruhns:* Ja, das war nicht einfach und mein damaliger Chefredakteur hat sich auch wirklich totgelacht: So etwas hatte er ja noch nie erlebt als Chefredakteur! Und das im Hause Springer! Für mich war die Sache jedoch ganz klar: Ich wollte das nicht mitmachen! Ich wollte dort nicht mehr arbeiten.

- Ihr Weg führte Sie dann über andere Medien irgendwann zum ZDF. Sie waren ja insgesamt relativ lange in öffentlich-rechtlichen Rundfunkanstalten beschäftigt: beim ZDF, beim WDR, beim NDR usw. Es gab da einen Abschnitt in Ihrem Leben, den ich selbst nur als eine vorübergehende Phase ansehe, von der Sie auch selbst sagen: "Das war eigentlich das Langweiligste, was ich je gemacht habe." Dennoch ist das die Schlagzeile schlechthin, die Schlagzeile, die einem sofort ins Auge springt, wenn man ein bisschen über Sie recherchiert.

*Wibke Bruhns:* Das stimmt, denn Sie meinen bestimmt meine Zeit als Nachrichtensprecherin.

- Sie waren da eigentlich nur noch die Nachrichtensprecherin.

*Wibke Bruhns:* Ja, das war so. Ich konnte mich anstrengen, soviel ich wollte und auf den verschiedensten Feldern, wie ich fand, Erfolge sammeln: Ich war und blieb die Nachrichtensprecherin.

- Das heißt, Sie wurden sehr darauf reduziert, dass Sie die erste weibliche Nachrichtensprecherin in der Geschichte des deutschen Fernsehens waren.

*Wibke Bruhns:* Das ist ja auch nicht ehrenrührig.
- Ja, das darf man auch wirklich sein. Aber eigentlich sind Sie ja als Journalistin ausgebildet und haben studiert, auch wenn Sie Ihr Studium nicht beenden konnten. Während Ihres Studiums haben Sie ja alles Mögliche gemacht. Sie haben Därme ausgewaschen, Sie haben Zeitungspakete gepackt ... Auf jeden Fall haben Sie auch als Model gearbeitet. War es da nicht verführerisch, über diese Tätigkeit als Model in diesen Glamour hineinzurutschen? Denn damals haben Sie damit ja schon sehr gut verdient.

*Wibke Bruhns:* Ja, das war in der Tat eine Gefahr, das war eine Gefahr für uns alle. Ich habe dieses Kapitel in meinem Buch mit den Worten angefangen: "Das Geld hing in den Bäumen ..." Man konnte Geld verdienen mit allem und jedem – und das nicht zu knapp. Ich hatte eine Wohnung, ich hatte ein Auto, es ging mir finanziell prima. Aber irgendwie muss mich mein preußischer Hintergrund dann doch dazu veranlasst haben zu sagen: "So, jetzt mach mal was Richtiges!"

- Zu Ihrem preußischen Hintergrund gehört natürlich auch die Erziehung. Sie haben in Schweden die Schule besucht, weil dort Ihre Mutter gearbeitet hat. Sie sind auch in London in einem College gewesen für eine Weile. Das heißt, Sie wurden damals sprachlich doch recht umfangreich gebildet. Trotzdem frage ich mich: Was hat Ihre Familie geprägt? Was hat Ihre Mutter geprägt? Denn Sie machen ja eine ziemlich erschütternde Aussage in Ihrem Erinnerungsbuch über sie, denn Sie sagen sinngemäß, dass sie beide eigentlich nie wirklich miteinander haben reden können.

*Wibke Bruhns:* Das ist erstens ein Generationsproblem. Die Generation meiner Eltern hat geschwiegen. Das war ja einer der Gründe für die Studentenbewegung, dass den Eltern gesagt wurde, sie sollten nun endlich mal "das Maul aufmachen", denn wir wollten hören, worum es eigentlich ging, damals im "Dritten Reich". Der andere Punkt ist, dass wir ja praktisch nie zusammengewohnt haben. Ich bin die Jüngste von fünf Kindern und meine Mutter war mit mir doch überfordert. Sie ging dann nach Schweden, weil das Glück ihr einen Job in der dortigen deutschen Botschaft zugeschustert hatte. Aber das war ein Job, den sie nicht konnte, den sie nicht gelernt hatte, denn sie war Hausfrau und Mutter. Sie war daher in diesem Job sehr überfordert. Und dasselbe war es dann in der Botschaft in London. Sie war den ganzen Tag im Büro und ich war ziemlich mir selbst überlassen. In Schweden war das besonders schwierig, denn ich war ein deutsches Kind und folglich durften die anderen Kinder, also die schwedischen Kinder, nicht mit mir umgehen. Das hat mich damals sehr verletzt und das habe ich auch überhaupt nicht verstanden.

- Aber Sie haben dann einfach alles "schwedisiert" in Ihrer Familie.

*Wibke Bruhns:* Ja, ich habe dann nur noch Schwedisch geredet.

-Selbst mit Ihrer Mutter?

*Wibke Bruhns:* Ja, meine arme Mutter! Sie konnte zwar gut Dänisch, weil das in der Familie lag, aber Schwedisch konnte sie nicht so gut. Ich wollte in Schweden einfach dazugehören.

- Könnte es sein, dass Ihre Mutter einfach auch traumatisiert war durch die Erlebnisse, die sie gehabt hatte? Ihr Ehemann, der Vater ihrer Kinder, war hingerichtet worden.

*Wibke Bruhns:* Ja, bestimmt. Als ich "Meines Vaters Land" geschrieben habe, in dem sie ja eine große Rolle spielt, habe ich mich immer wieder gefragt, ob sie je in ihrem Leben festgestellt hat, dass sie wie Millionen von anderen Deutschen auch ebenfalls Teil des Verhängnisses gewesen ist? Was würde man aber mit so einer Erkenntnis machen? Das war, wie ich behaupte, der Grund dafür, warum diese Generation nicht hat reden können. Was hätten sie denn sagen sollen?

- Das ist etwas, was wir aus dieser Generation wohl alle mit unseren Eltern bewältigen mussten. Es fällt mir auf, dass Sie zu Ihren Eltern – zumindest drücken Sie das so aus – ein auch insofern interessantes Verhältnis haben, weil Sie von Ihrer Mutter als "Else" sprechen und von Ihrem Vater immer als "HG". Es war zumindest in meiner eigenen Familie ebenso, dass wir unsere Mutter mit dem Vornamen angesprochen haben. Ich weiß auch nicht so genau, woher diese Sitte stammte. Denn eigentlich drückt das nicht wirklich Distanz aus.

*Wibke Bruhns:* Wenn man schreibt, dann schon. Ganz abgesehen davon, dass man als Autor und noch stärker als Leser ganz verrückt wird, wenn es immer wieder heißt: "mein Großvater", "mein Onkel", "mein Cousin" usw. Das ist anstrengend und verwirrend.

- Das wäre wie in einer schlechten Oper, bei der man die Leute ja auch nicht auseinanderhalten kann.

*Wibke Bruhns:* Oder bei "Dostojewskis", bei denen man sich auch nie auskennt. Deswegen habe ich sie im Buch mit Vornamen bezeichnet. Damit habe ich aber, wie ich glaube, schon auch eine gewisse Distanz wahren wollen. Ich glaube, ohne Distanz hätte ich dieses Buch so nicht schreiben können. Ich hatte also zunächst einmal diese Distanz, die dann aber einer wachsenden Zuneigung gewichen ist. Ich habe heute großen Respekt vor meiner Mutter, obwohl sie einen Haufen Dinge gemacht hat, von denen ich denke: "Sag mal, musste das sein?" Und ich habe auch einen großen Respekt vor meinem Vater, obwohl er Mitglied der NSDAP gewesen ist und obwohl er in den ersten Jahren den Nazis anhing. Ich denke, man muss auch in einem mittleren und hohen Alter die Erlaubnis haben, sich zu revidieren.

- Das auf jeden Fall; ich kann das sehr gut nachvollziehen. Bleiben wir noch ein bisschen beim Thema "Distanz und Nähe". Sie sind also in einer Familie mit fünf Kindern aufgewachsen: Wie stark haben die Kinder in der Nazizeit unter der Hinrichtung des Vaters als Volksverräter gelitten? Sie sind die Jüngste und Ihre Geschwister sind deutlich älter als Sie. Ihrem einzigen Bruder sagt man ja nach, dass er wohl am stärksten davon betroffen war.

*Wibke Bruhns:* Ja, denn er wurde dann in eine sogenannte "Bewährungskompanie" gesteckt und degradiert. Er war zwar nur Wehrpflichtiger, hatte aber schon irgendetwas erklommen beim Militär. Über das, was er in dieser "Bewährungskompanie" hat machen müssen, hat er nie geredet, aber es muss grauenhaft gewesen sein. Denn bis zu seinem Tod hat er nachts geschrien – offensichtlich aufgrund dieser Erlebnisse. Weder seine Frau noch ich haben je erfahren, was genau das gewesen ist. Es muss jedenfalls fürchterlich gewesen sein.

- Haben Ihre Schwestern das in unterschiedlicher Weise wahrgenommen?

*Wibke Bruhns:* Meine Schwester Ursula, die zweitälteste unter uns Geschwistern, hat das sowieso alles hautnah mitbekommen, denn Ihr Mann, ein entfernter Vetter von mir, ist ja genau wie mein Vater ebenfalls hingerichtet worden. Er war sehr viel näher dran an diesem Attentat, denn er hatte zusammen mit Albrecht von Hagen Stauffenberg den Sprengstoff nach Berlin gebracht. Er war sofort verhaftet und dann auch sehr schnell hingerichtet worden. Mein Vater musste hingegen noch ein bisschen länger leben. Ich sage absichtlich "musste", denn niemand weiß, was mit ihm in dieser Zeit nach seiner Verhaftung und bis zu seiner Hinrichtung passiert ist.

- Sie sind diesen Dingen genau nachgegangen, konnten aber natürlich nicht alles finden. Sie hatten jedoch ein ganz rührendes Erlebnis bei Ihren Recherchen, von dem Sie am Ende Ihres Buches "Nachrichtenzeit" erzählen. Da gab es einen Mann, der sich aus Amerika bei Ihnen per E-Mail gemeldet hat. Er hat Ihnen etwas ganz Bestimmtes angeboten.

*Wibke Bruhns:* Ja, er hatte – was man so alles sammeln kann! –, wie das früher bei den Amerikanern wohl mal Mode gewesen ist, deutsche Personalpapiere gesammelt. In einem Auktionshaus hatte er dabei auch Papiere eines Deutschen aus dem Zweiten Weltkrieg gekauft, und zwar dessen Soldbuch, dessen Abwehrausweis und dessen Militärführerschein. Dies hatte er früher mal gekauft, denn als er mit mir in Kontakt trat, hatte er längst aufgehört, solche Sachen zu sammeln. Inzwischen sammelte er alte BMW-Motorräder mit Beiwagen und hatte sich auch da bereits eine umfangreiche Sammlung zugelegt. Weil er sich nach Deutschland aufmachte, um dort Ersatzteile für seine BMWs zu kaufen, suchte er nach Literatur für den langen Flug von Kalifornien bis hierher. In einer schummrigen Buchhandlung irgendwo in der Walachei Kaliforniens fällt er bei dieser Suche über die Übersetzung meines Buches.

- Das heißt, er fand dort die englische Fassung Ihres Buchs.

*Wibke Bruhns:* Er blätterte darin herum, weil er den Namen vorne auf dem Buchumschlag sah, und fand dann im Buch selbst den Namen "Halberstadt". Da fiel ihm ein: "Mensch, da habe ich doch was zu Hause!" Er kauft also dieses Buch, geht nach Hause und dort in seinen Keller – und was findet er? Die Papiere meines Vaters!

- Und heute besitzen Sie diese Papiere.

*Wibke Bruhns:* Ja, heute habe ich sie.

- Er hat sie Ihnen verkauft?

*Wibke Bruhns:* Nein. Ich glaube, er hatte tatsächlich ursprünglich die Idee gehabt, sie mir zu verkaufen. Er hatte das zwar nicht vor, aber wegen dieser Papiere machte er einen Schlenker über Berlin, als er hier war. Wir haben uns dabei kennengelernt und er meinte anschließend zu mir: "Nein, diese Papiere kann ich dir nicht verkaufen! Das geht überhaupt nicht!"

- Sie haben sich früher ja mal selbst das Versprechen gegeben, das sinngemäß lautete: "Vater, ich lass dich nicht allein!"

*Wibke Bruhns:* Ja, ich habe mir selbst ein Versprechen abgenommen: "Ich kümmere mich um dich!"

- Ist das nun eingelöst mit diesem Buch, mit dieser Geschichte?

*Wibke Bruhns:* Ja, das ist es. Ich habe dieses Buch ja lange rausgeschoben. Denn dieses Versprechen hatte ich ja mir und, wenn man so will, ihm bereits gegeben, als ich die Filme gesehen habe, die von den Volksgerichtshofs-Prozessen gemacht worden waren. Er ist auf diesen Filmen einmal ganz kurz zu sehen, denn diese Filme dokumentieren ja leider nicht vollständig diese Prozesse; genauer gesagt ist das alles sogar nur sehr rudimentär.

- Aber es gibt Fotomaterial davon.

*Wibke Bruhns:* Ja schon, aber ein Foto ist nicht dasselbe wie ein bewegtes Bild. Als ich ihn auf diesem Film gesehen habe, habe ich mir gesagt: "Das geht nicht so weiter! Ich weiß ja bis heute nicht, wer das eigentlich war!" Ich wusste wirklich überhaupt nichts von ihm. Dann habe ich eben gesagt: "Ich kümmere mich um dich!" Ich zog jedoch damals gerade nach Israel, wo ich einen ziemlich anstrengenden Job hatte. Auch der nächste Job in Washington war sehr anstrengend. In diesen Jahren konnte ich mich also darum überhaupt nicht kümmern. Ich habe aber immer wieder überall mein journalistisches Handwerk ausgeübt, d. h. ich habe z. B. Archive abgeklappert und nach Spuren von ihm gesucht.

- Bevor wir hier mit Ihnen Ihre große Auslandstournee beginnen, möchte ich gerne noch über die Zeit der Bonner Republik, die Zeit der Wende der späten 60er Jahre sprechen, also über Willy Brandt. Er war der Politiker, der damals das Leitmotiv ausgegeben hat, "mehr Demokratie wagen". Sie waren damals politisch sehr engagiert, auch in einer Wählerinitiative. Es wurde damals aber auch die Frage gestellt, ob so etwas – nämlich das politische Engagement, das Sie gezeigt haben – überhaupt vereinbar ist mit dem öffentlich-rechtlichen journalistischen Auftrag. Wie sehen Sie das?

*Wibke Bruhns:* Natürlich nicht! Überhaupt nicht.

- Danke.

*Wibke Bruhns:* Das ist ein Unding. Aber damals war mir das egal. Es war übrigens nicht eine Wählerinitiative, sondern es war die Wählerinitiative, also diese Initiative, die Günter Grass schon für die Bundestagswahl 1969 gegründet hatte. Wir hier sprechen aber jetzt von der Wahl 1972. Das ganze Land war ja damals in Aufruhr. Es herrschte in der Bundesrepublik eine unglaubliche Polarisierung. Man muss immer wieder betonen, dass es da um die Bundesrepublik ging und nicht um "ganz" Deutschland. Das Land war wirklich polarisiert in die zwei Lager "für Willy Brandt" und "gegen Willy Brandt". Im Bundestag hatte es davor dieses berühmte Misstrauensvotum gegeben. Rainer Barzel war damit aber gescheitert. Das war im Land eine Atmosphäre, der man sich gar nicht entziehen konnte. Und da wollte ich natürlich dabei sein. Dass sich das nicht gehört, war mir damals vielleicht nicht so klar, aber dass mich das den Job kosten könnte, war mir völlig klar. Aber irgendwie dachte ich: "Ach, es wird schon irgendwie weitergehen! Zuerst mache ich jedenfalls das hier!"

- Ich in meiner Verantwortung achte natürlich sehr darauf, dass der Journalismus genau dabei seine Unabhängigkeit wahrt, aber ...

*Wibke Bruhns:* Darf ich Sie an dieser Stelle kurz unterbrechen? Ich habe mich damals damit rausgeredet – ich wusste natürlich, dass das ein "linkes" Ding ist – dass ich gesagt habe: "Was mache ich denn groß im Fernsehen? Ich spreche Nachrichten! Das ist doch kein journalistischer Job."

- Das stimmt natürlich.

*Wibke Bruhns:* Ich war Sprecherin damals!

- Insofern muss ich Ihnen da recht geben, obwohl es ja auch bei uns im Haus die Situation gegeben hat, dass Sprecher Kandidaten für ein politisches Amt gewesen sind. Wir haben dann bezüglich der Sprechertätigkeit gesagt: "Nicht in der Zeit, in der du kandidierst!" Kommen wir zurück zu jenen Tagen. Ich selbst war damals ja sehr bewegt von der Ostpolitik. Hat diese Ostpolitik, diese Versöhnung mit unseren Nachbarn im Osten auch für Sie damals eine Rolle gespielt?

*Wibke Bruhns:* Das war doch das zentrale Thema! Diese Aussöhnung war ja 1972 noch nicht fertig. Wir hatten gerade mal ein paar Verträge ausgehandelt und unter Dach und Fach gebracht, aber bei Weitem noch nicht alle. Und der Grundlagenvertrag war ja auch noch nicht fertig, der wurde erst in der dann folgenden Legislaturperiode ratifiziert. Die Aussöhnung mit dem Osten empfand ich als sehr, sehr wichtig. Es konnte doch nicht sein, dass da jemand in Warschau auf die Knie fällt und für uns alle um Verzeihung bittet – das war doch ein unglaublicher Segen und das konnte auch nur von ihm gemacht werden, denn wer sonst hätte das machen können? – und dass das dann alles einfach so weggewählt werden soll! Man muss sich ja nur mal in Erinnerung rufen, was damals aus der Industrie an Geld geflossen ist, um Anzeigen für die Union zu schalten! Das war einfach empörend! Es gab in

unserem Land damals eine ganz klare Polarisierung, das Ganze lag wie auf einer riesengroßen Waage. Da musste man doch einschreiten, oder? Ich war ja auch nur eine unter Tausenden, die damals einschritten.
- Man muss wirklich sagen, dass die Bundesrepublik Deutschland in dieser Zeit hoch politisiert war. Und das war wohl auch die Weichenstellung, die am Schluss in die Richtung geführt hat, die letztlich auch die Wiedervereinigung ermöglicht hat.
*Wibke Bruhns:* Natürlich.
- So sehe ich das heute und so sehen das auch viele andere. Mit Egon Bahr, der ebenfalls schon bei uns zu Gast gewesen ist, haben wir genau das ebenfalls erörtert. Sie haben damals viele Männer der Politik kennengelernt, denn die Politik war damals ja noch eine sehr starke Männerdomäne. In einer Aufzeichnung sagen Sie sinngemäß über Willy Brandt, dass er ein Mann gewesen ist, der zwar für die kleinen Leute immer ein Herz gehabt hat, dass er aber um Himmels willen nicht von ihnen vereinnahmt werden wollte. Er hat da also eine gewisse innere Distanz auch gegenüber diesen Menschen aufrechterhalten.
*Wibke Bruhns:* Man durfte ihm nicht zu nahe treten!
- Wie war das dann aber, als Sie mit Ihrer Familie und der Familie von Willy Brandt - Sie hatten ganz offensichtlich ein sehr gutes Verhältnis zu Rut Brandt, seiner damaligen Frau, die wirklich eine ganz großartige Frau gewesen ist - sechs Wochen lang in Norwegen gemeinsam Urlaub gemacht haben? Da muss doch Nähe entstanden sein. Was war denn die größte Nähe, zu der er überhaupt in der Lage war?
*Wibke Bruhns:* Ich kann Ihnen etwas erzählen, was dieses Verhältnis recht gut illustriert: Die Anrede erfolgte immer mit "Herr Bundeskanzler". Er sprach mich immer mit "Wibke" und "Sie" an. Ich wäre nie auf die Idee gekommen, irgendetwas anderes als "Herr Bundeskanzler" und "Sie" zu sagen. Wir sind für unsere Gespräche ausgiebigst durch den Wald gelaufen. Der Grund war, dass ich zu seinem 60. Geburtstag für den "Stern" ein Portrait über ihn schreiben sollte. Ich habe gemeint, dass ich dafür aber unbe-

dingt Zeit bräuchte: "Ich mache das nicht einfach so aus dem Bauch heraus!" Rut Brandt schlug dann vor, ich solle doch einfach mit nach Norwegen kommen. Sie hat mir dort ein Haus besorgt und so bin ich dann mit Kind und Kegel und Freunden nach Norwegen in Urlaub gefahren. Ich war übrigens nicht die einzige Journalistin, die dort mit dabei war. Hermann Schreiber vom "Spiegel" war ebenfalls dort und Robert Lebeck, um zu fotografieren. Andere Kollegen reisten nur für einige Tage an, um dann wieder nach Hause zu fahren. Denn dort hatte er Zeit für Journalisten. Er nahm sich diese Zeit für mich wirklich. Aber er brauchte ja auch viel Zeit, denn er war doch so langatmig.

- Seine Sätze konnten manchmal sehr geflochten sein.

*Wibke Bruhns:* Ja, das kann man wohl sagen. Wir sind also stundenlang durch den Wald gelaufen und er erklärte mir dabei seine Weltsicht, was ich sehr beeindruckend fand. Aber an ihn herankommen? Das ging nicht.

- Ich weiß aber, dass er sich in einem Gespräch mit Ihnen auch mal nach Ihren Kindern erkundigt hat.

*Wibke Bruhns:* Er mochte Annika, meine älteste Tochter, besonders gerne.

- Er hat also durchaus wahrgenommen, dass Sie Mutter sind, dass Sie Familie haben, dass Sie, schlicht gesagt, auch ein Mensch sind.

*Wibke Bruhns:* Ja, doch, das hat er durchaus wahrgenommen. Aber letztlich hat ihn das nicht wirklich interessiert. Ich zitiere in meinem Buch ja auch einen Ausspruch seines Sohnes Peter. Wenn man heute mit Matthias Brandt spricht, dann hört sich das ganz genauso an. Oder nehmen Sie das Buch von Lars Brandt: auch da dieselbe Geschichte. Willy Brandt hatte diese vielgerühmte Toleranz gegenüber seinen Kindern, als es z. B. um die Verfilmung der Novelle "Katz und Maus", von Günter Grass ging usw.

- Er sagte zu ihnen immer: "Ihr könnt machen, was ihr wollt!"

*Wibke Bruhns:* Ja, er meinte immer, die Söhne können machen, was sie wollen. Peter Brandt hat mir dazu gesagt: "Ja klar, weil er sich nicht dafür interessiert hat." Er war mental nicht da.

- Hat er vielleicht auch deshalb keinen Instinkt entwickelt, um so etwas wie die Guillaume-Affäre vermeiden zu können? Oder hat man ihn da schlicht in die Irre geführt? Wenn ein Mensch wie Guillaume so nahe an den Bundeskanzler herankommt, der offensichtlich ein ganz loyales Verhältnis zu ihm hatte, dann muss da doch etwas schiefgelaufen sein. Da muss doch erstens etwas in der Wahrnehmung dieser Affäre schiefgelaufen sein und was ist zweitens für Willy Brandt selbst schiefgelaufen, dass er dann zurücktreten musste?

*Wibke Bruhns:* Es gibt ja Leute, die sagen, er hätte nicht zurücktreten müssen.

- Ich glaube auch, dass er nicht hätte zurücktreten müssen.

*Wibke Bruhns:* Aber er war einfach müde. Er war auch enttäuscht, dass ihm so etwas überhaupt passieren konnte, dass ihm Guillaume aufgedrückt werden konnte. Es war einfach eine unglückliche Konstellation. Schilling, sein Auslandsreferent ...

- Entschuldigen Sie bitte die Unterbrechung, aber für unsere jüngeren Zuschauer müssen wir vielleicht erklären, dass Günter Guillaume ein Spion aus der DDR gewesen ist, der in der unmittelbaren persönlichen Nähe von Willy Brandt als dessen Referent arbeitete. Heute müssen wir das wohl zuerst ein bisschen erklären.

*Wibke Bruhns:* Ja, er war einer seiner Referenten. Willy Brandt hatte drei Referenten: Wilke war sein Büroleiter, Schilling war fürs Ausland zuständig und Guillaume für die Partei und die Gewerkschaften usw. Die beiden anderen konnten nicht mitreisen in die Ferien, aber einer musste ihn begleiten, um diesen Funkverkehr und die Sicherheitsleute usw. zu koordinieren und zu betreuen. Lange vorher wurde also festgelegt, dass Guillaume mitfahren soll. Dann kamen aber die Sicherheitsbehörden darauf, dass Guillaume vielleicht ein Spion ist. Das war eben Genschers Fehler, denn Genscher ging zu Brandt und sagte zu ihm: "Macht es Ihnen was aus, wenn der trotzdem mit in den Urlaub fährt?" Da Brandt konfliktscheu war, legte er kein Veto ein. Es war wirklich ein Unding, Brandt so etwas überhaupt zu fragen. Genscher war der oberste Verantwortliche für all diese Sicherheitsbehörden, die ein Jahr lang versucht haben, einen Spion im Kanzleramt zu enttarnen. Sie wussten, dass es einen gab, aber sie wussten nicht sicher, wer das war.

- Wenn ich mir vorstelle, dass das einem Adenauer oder einem Kohl passiert wäre, dann hätten die doch sofort kurzen Prozess gemacht mit Genscher: Die hätten sich das nie und nimmer gefallen lassen.

*Wibke Bruhns:* Ja, natürlich nicht. Und es ist auch völlig Wurst, ob man jemandem wie Guillaume noch vor dem Urlaubsantritt seine Spionagetätigkeit schon nachweisen kann oder nicht. Gut, wenn man ihn abgesetzt hätte, dann wäre er wahrscheinlich sofort in die DDR getürmt. Na und? Ist es denn wichtiger, ihn zu überführen und zu verurteilen, als dem Kanzler zuzumuten, sechs Wochen lang mit einem Spion zwar nicht unter einem Dach, aber doch in unmittelbarer Nähe zu leben? Das war unglaublich und ich werde heute noch zornig, wenn ich daran denke.

- Sie haben Guillaume ja kennengelernt und ihn auch beobachten können.

*Wibke Bruhns:* Ja, klar.

- Von Ihnen stammt ja auch die Einschätzung, dass Guillaume für Brandt sogar eine gewisse Verehrung empfand.

*Wibke Bruhns:* Nicht nur eine gewisse, nein, Guillaume hat ihn geliebt! Ich behaupte daher ...

- Das ist doch völlig pervers: Der Spion liebt den, den er ausspionieren soll?

*Wibke Bruhns:* Ja. Wenn Guillaume die Chance gehabt hätte, gefahrlos seine Spionagetätigkeit aufzugeben, dann wäre er übergelaufen. Aber er konnte sich ja niemandem anvertrauen: Das ging nicht. Er hätte sich, wenn er die Wahl gehabt hätte, für Brandt entschieden und nicht für die DDR, da bin ich mir sicher.

- Es gab da doch ein Telefonat zwischen Ihnen und Guillaume: Wollte er nicht irgendwie ...

*Wibke Bruhns:* Er wollte abhauen!

- Sie meinen also, er wollte abhauen.

*Wibke Bruhns:* Ja, da bin ich mir ziemlich sicher.

- Er hätte wohl gerne versucht, das mit Ihrer Hilfe oder mit einem Ratschlag von Ihnen zu machen.

*Wibke Bruhns:* Hier! (Tippt sich an die Stirn) Ich bin doch nicht blöd.

- Das hätte also nicht geklappt, denn dafür hätten Sie sich nicht instrumentalisieren lassen. Sie waren zu dieser Zeit beim "Stern". Der "Stern" ist ein ganz wichtiges Magazin gewesen und Henri Nannen war ein Übervater im deutschen Journalismus.

*Wibke Bruhns:* Ja, das stimmt.

- Und das nicht nur, weil er so riesengroß gewachsen war, sondern weil er einfach immer das richtige Gespür hatte.

*Wibke Bruhns:* Er hatte einen "Bauch" dafür.

- Aber er hatte auch eine Frau und eine Mutter. Und die beiden spielten auch eine große Rolle beim "Stern".

*Wibke Bruhns:* Ja, denn sie waren die ersten Leser des "Stern". Seine Frau hieß Martha. Wenn wir irgendwelche Geschichten geschrieben hatten, konnte es sein, dass Nannen in die Redaktionskonferenz kam und sagte: "Martha hat das gelesen, Martha versteht das aber nicht!" Martha war seine Frau. Sie lebten gar nicht zusammen, aber Martha war wichtig, was die Volksnähe der Geschichten betraf.

- Das heißt, sie hat auch seine berühmten Editorials jeweils schon vorher gekannt und zu ihnen Ja oder Nein gesagt?

*Wibke Bruhns:* So war das.

- Wie war denn sonst so die Atmosphäre beim "Stern"? Aus meiner öffentlich-rechtlichen Sicht habe ich damals mitbekommen, dass man beim "Stern" erstens gut Geld verdienen konnte. Man konnte aber auch zweitens lange Zeit angestellt sein, ohne auch nur einmal ins Blatt zu kommen mit den eigenen Geschichten. Denn der Kampf um den Platz im Blatt war manchmal sehr groß.

*Wibke Bruhns:* Und dennoch musste man immer hart arbeiten.

- Das heißt, man hat auch oft schlicht für den Papierkorb gearbeitet?

*Wibke Bruhns:* Ja.
- Ist Ihnen das auch so gegangen?
*Wibke Bruhns:* Ja, natürlich, jedem von uns. Nannen hatte nämlich das Prinzip des Heringsfasses: Dieses Fass musste immer bis oben hin gefüllt sein. Wir waren ja auch viel zu viele Leute in der Redaktion und das bedeutete, dass jede Woche Folgendes beschlossen wurde: Wenn nur insgesamt 20 Geschichten ins Heft kommen konnten, dann wurde dennoch in der Redaktionskonferenz beschlossen, 30 Geschichten komplett druckfertig zu erarbeiten. Das lief immer unter der vorgeschobenen Maßgabe, es könne ja auch mal etwas schief gehen bei einer Geschichte. Aber das ist Quatsch. Es war einfach so, dass wir dadurch alle miteinander in die Konkurrenz gejagt wurden. Wir mussten dann jedes Mal sehr darum kämpfen, ob unsere Geschichte ins Heft kam oder nicht.
- Der "Stern" hat ja eine ganz tragische Phase durchleben müssen, eigentlich war das der Sturz im deutschen Journalismus schlechthin: Das war diese Geschichte um die gefälschten Hitler-Tagebücher. Sie schreiben in Ihrem Buch mit viel Energie und auch viel Empörung über viel Dummheit, die sich da angesammelt hat. Diese Dummheit war aber nicht redaktionell verortet, sondern fand sich irgendwo ...
*Wibke Bruhns:* ... im Verlag! Wenn es nur Dummheit gewesen wäre! Es war Gier! Es war wirklich die reine Gier! Denn es war geradezu ein biblisches Drama, das sich da abgespielt hat. Da gab es einen Gerd Heidemann, der diese angeblichen Hitler-Tagebücher anschleppte – ich behaupte, dass er schon damals gewusst hat, dass sie gefälscht waren, aber ich kann das nicht belegen. Da gab es einen Gruner + Jahr-Verleger, der von der Redaktion beleidigt worden war, weil man ihn dort für einen Trottel hielt. – Er fiel dann bei Bertelsmann sogar noch die Treppe nach oben, war also auch noch der Aufsichtsratsvorsitzende des nachfolgenden Verlegers bei Gruner + Jahr, Gerd Schulte-Hillen. – Diese Leute witterten jedenfalls das ganz große Geschäft. Damals jedenfalls waren das Verleger, die meinetwegen auch Strümpfe

hätten verkaufen können: Der Inhalt interessierte sie einen Dreck.
- Es interessierte sie nur der Profit.
*Wibke Bruhns:* Genau, nur der Profit. Dafür waren diese Leute da, dafür wurden sie bezahlt.
- Es ging z. B. darum, die Rechte an diesen Tagebüchern international zu vermarkten, noch bevor sie überhaupt auf dem Markt waren.
*Wibke Bruhns:* Nun ja, das wurde jedenfalls gleichzeitig versucht. Natürlich, sie hatten sich vorgestellt, damit einen riesengroßen Reibach zu machen.
- Sie hatten in dieser Zeit nicht unbedingt ein echtes Zuneigungsverhältnis zu Ihrem Chefredakteur beim "Stern".
*Wibke Bruhns:* Das stimmt. Neulich, bei einer Lesung in Halberstadt, kam jemand auf mich zu und sagte zu mir: "Ich bin übrigens der Sohn von Peter Koch."
- Oh nein!
*Wibke Bruhns:* Ja. Ich habe ihm dann geantwortet: "Oh, das tut mir aber leid für Sie."
- Solche Leute kommen ja normalerweise nur ganz selten in die Öffentlichkeit und werden von den Lesern auch nicht wirklich wahrgenommen. Peter Koch ist jedoch sehr wohl wahrgenommen worden ...
*Wibke Bruhns:* Klar, er ist aufgrund der Hitlertagebücher wahrgenommen worden.
- Peter Koch hat damals geschrieben, nun müssten wohl Teile der Geschichte umgeschrieben werden. Das war ja doch ein sehr hehrer Anspruch, und wenn man den nicht einlösen kann, ist man unten durch.
*Wibke Bruhns:* Ja. Das war alles einfach zu absurd. Aber er war eben auch ein hervorragender Journalist: Er war einer von drei Brüdern, die alle gut waren als Journalisten bzw. sind.
- Sie sind in dieser Phase dann in den Nahen Osten gegangen. Sie hatten davor schon Reisen in den Nahen Osten unternommen und hatten auch schon mal Willy Brandt bei einer Reise dorthin

begleitet. Sie haben bereits bei Ihrer ersten Reise Golda Meir erleben dürfen. Wie haben Sie damals Golda Meir empfunden?

*Wibke Bruhns:* Sie war natürlich schon eine große Figur. Ich wusste, dass sie die große alte Sozialdemokratin Israels war: mit Erfahrungen in Moskau usw. Sie war eine politisch ungeheuer versierte Person – und sie war nett! Sie war so, wie sie dann von den Israelis auch genannt wurde: wie eine Großmutter.

- War sie nicht auch hart?

*Wibke Bruhns:* Natürlich war sie auch das.

- In diesem Job in Israel muss man vermutlich hart sein.

*Wibke Bruhns:* Ja, natürlich war sie hart. Und Sie ist dann ja auch beim Jom-Kippur-Krieg zurückgetreten, als man ihr vorwarf, es verantworten zu müssen, dass Israel überfallen wurde, ohne dass man sich darauf hätte vorbereiten können.

- Ich komme jetzt mal auf das Phänomen der Polarisierung in Ihrem Leben zu sprechen. Das fängt in Ihrer Kindheit an: Sie sind evangelisch aufgewachsen, haben aber irgendwann einmal auch den Weihrauch der katholischen Kirche genüsslich eingesogen. Es kam dann aber auch in der katholischen Kirche zu Konflikten mit Ihnen. Sie kamen in den Nahen Osten und wurden dort mit dem Islam und dem Judentum konfrontiert. Sie erlebten das aufgeregte Hickhack der christlichen Konfessionen, der Armenier, der Katholiken und dann später sogar der Evangelikalen in den USA usw. Aus all dem habe ich bei Ihnen immer herausgehört, dass Sie versucht haben, eine Position außerhalb all dieser Religionen einzunehmen, weil Sie sich nicht gemeinmachen konnten mit den Machtkämpfen innerhalb dieser religiösen Gruppen, mit denen Sie immer wieder konfrontiert wurden.

*Wibke Bruhns:* Was immer an Resten von Religiosität in mir übriggeblieben war aufgrund meiner Erziehung, ist mir in Jerusalem abhandengekommen – außer vielleicht den Weihnachtsliedern. Wenn man 32 christliche Konfessionen erlebt, die alle aufeinander eindreschen, dann kann man sich doch nur noch sagen: "Ach, hört doch auf! Ich doch nicht! Ich bin nicht religiös, ich habe daran kein Interesse mehr!" Und in den USA dann diese

Fundamentalisten! Das war alles doch ein bisschen schwierig, aber ich habe mich eben immer, und das ist ja das entscheidende Kriterium meines, unseres Berufs, so verhalten: "Halt dich raus! Hör lediglich zu!" – gut, außer man macht gerade Wahlkampf für Willy Brandt.

- Das ist diese Haltung, die Hajo Friedrichs so schön ausgedrückt hat, als er gesagt hat, dass sich der Journalist selbst mit der guten Sache nicht gemeinmachen darf, sondern immer der bleiben muss, der schildert, der berichtet. Ich glaube, das ist wirklich eine entscheidende Leitlinie für unseren Beruf, die wir auch immer versuchen sollten vorzuleben. Sie waren also in Israel mit Ihren Töchtern: Dort war ja doch alles ein bisschen anders, die Wohnungen sind auch nicht so wie bei uns usw. Sie haben dort sicherlich einiges erlebt und auch durchlebt und fanden dann wohl doch auch in Israel Ihren Rhythmus. Lassen Sie uns nun ein wenig vom Verhältnis der israelischen Staatsbürger und hier vor allem der jüdischen Staatsbürger in Israel zu den Palästinensern sprechen. Ich habe Ihrem Buch entnommen, dass Sie für die palästinensische Seite und deren Schicksal und jahrhundertealte Traditionen durchaus sehr viel Verständnis entwickelt haben.

*Wibke Bruhns:* Ja, das stimmt. Ich halte die Palästinenser für schlecht behandelt vom Schicksal, um das mal sehr milde auszudrücken.

- Sie schildern ja auch erschütternde Dinge, die den Palästinensern von arabischer Seite aus angetan wurden. Sind die Palästinenser also letztlich die Opfer dieses Nahostkonflikts?

*Wibke Bruhns:* Nun ja, der Konflikt ist ja erst daraus entstanden. Sie waren schon Opfer, als die jüdische Einwanderung nach Palästina zu Beginn des 20. Jahrhunderts einsetzte und dann immer stärker und stärker wurde. Wenn später neue Leute einwanderten, dann wurden sie in Israel gefragt: "Kommen Sie aus Überzeugung oder kommen Sie aus Deutschland?" Das heißt, Flüchtlinge waren auch dort nicht so wohlgelitten. Aber sie haben sich ihren Staat dann schon zusammengekauft: Sie hatten ein sehr gut organisiertes System, wie man zu Landbesitz kam. Und wenn man dann Land besaß, dann durfte es nur mehr an Juden weiterverkauft werden. Die Palästinenser haben irgendwann einmal begriffen: "Moment mal! Das ist doch über Jahrhunderte hinweg gut gegangen, denn unter der türkischen Herrschaft war das gar kein Problem!" Da saßen die Landbesitzer sonst wo und sie waren vor Ort die Pächter und mussten sich um ihr Schicksal nicht sorgen. Aber genau das mussten sie plötzlich.

- Sie haben ja auch relativ grausige Dinge erlebt in dieser Zeit, Sie haben u. a. auch erlebt, dass die Würde eines Toten nicht unbedingt geachtet wurde in Kriegssituationen oder kriegsähnlichen Situationen. Da lagen palästinensische Opfer von Kriegshandlungen unbeerdigt auf dem Boden, und das, obwohl der Islam ja eine Beerdigung innerhalb von 24 Stunden verlangt – genauso übrigens wie die Juden. Sie beschreiben da eine Szene, in der Sie wieder einmal gebrüllt haben.

*Wibke Bruhns:* Das stimmt, das war beim Beginn des Libanonfeldzugs im Jahr 1982. Die israelische Armee hatte uns Journalisten mit in den Libanon genommen, damit wir das alles selbst mit anschauen konnten. Dort gibt es eine Burg, Beaufort Castle, die immer wieder Anlass gab für schwierige Situationen, weil von dort aus die Palästinenser ihre Raketen nach Nordisrael geschickt hatten. Diese Burg ist dann endlich erobert worden von der israelischen Armee und die palästinensischen Menschen, die dabei getötet worden sind, lagen immer noch in der Sonne, als wir dort ankamen. Und da bin ich ausgerastet, das ist wohl wahr. Ich habe geschrien und getobt: "Das ist doch nicht möglich!" Ich fand das dann erst recht unmöglich, als ich erfahren habe, dass fünf oder sechs israelische Soldaten in diesen Kämpfen umgekommen waren, die man natürlich sofort abtransportiert hatte, damit sie irgendwo begraben werden konnten. Und hier lagen nun diese palästinensischen Kämpfer in der Sonne, waren aufgedunsen von der Hitze und ich dachte nur: "Das kann nicht sein! Das kann nicht sein!"

Ist das dieselbe Empörung von Wibke Bruhns, die Sie hatten, als - Sie im Alter von 17, 18 Jahren in Plötzensee bei einer Gedenkfeier empört rausgerannt sind?
*Wibke Bruhns:* Ja, ich glaube schon. Ich weiß es nicht genau, aber ich glaube, ich bin da wohl sensibilisiert ...
- Ein Gerechtigkeitsempfinden?
*Wibke Bruhns:* Ja, so etwas wird es wohl sein.
- Was hatte bei dieser Veranstaltung in Plötzensee Ihr Gerechtigkeitsempfinden verletzt?
*Wibke Bruhns:* Das war 1954 und es war die erste wirklich große Gedenkfeier für die Opfer des 20. Juli 1944. Ich weiß gar nicht mehr genau, wer da geredet hat, aber irgendwer sprach davon, dass diese Männer vom 20. Juli 1944 den aufrechten Gang – obwohl das damals noch nicht so hieß, diese Ausdrucksweise von Bloch kam erst in den späten 60er Jahren "in Mode" – vorgelebt hätten. Die Deutschen könnten ohne diese Leute nicht mehr in den Spiegel gucken usw. Und unten im Publikum saßen die ganzen Witwen dieser Männer, die alle – wie meine Mutter – auch keine Entschädigung bekamen, denn da diese Männer ja Parteimitglieder gewesen waren, war das nicht entschädigungsfähig.
- Während aber z. B. die Witwen der Nazirichter sehr wohl ihre Pensionen bekamen.
*Wibke Bruhns:* Ich fand das so empörend damals, dass ich etwas laut geworden bin.
- Nach der Zeit in Israel sind Sie dann ja in die USA gegangen. Wie viel Empörung haben Sie empfunden, als Sie in den USA unterwegs waren und die dortigen großen sozialen Ungerechtigkeiten gesehen haben? Die USA sind aus meiner Sicht ein großartiges Land, aber es gibt dort auch sehr viel soziale Ungerechtigkeit. Es gibt auch diese Evangelikalen, die zumindest wir hier in Europa als empörend empfinden. Woran hat sich also diese Emotionalität von Ihnen in den USA manifestiert?
*Wibke Bruhns:* Die Evangelikalen haben mich nur empört, wenn sie vor Abtreibungskliniken Rabatz gemacht haben, Ärzte angemacht haben und auch versucht haben, den Patientinnen den

Zugang zur Klinik zu versperren. Das hat mich wirklich empört. Ansonsten habe ich sie mir nur mit großer Distanz angeguckt. Empört hat mich hingegen diese ganze Iran-Contra-Affäre. Da hat ein Mensch aus dem Weißen Haus namens Oliver North gegen alle Formen von Beschlüssen des Kongresses Waffen an den Iran verkauft. Man glaubt das nicht, man glaubt das wirklich nicht. Er hat das getan, nur um dieses arme kleine Nicaragua überfallen zu können. Das hat mich empört. Aber auch dieser Besuch in Bitburg hat mich empört.

- Das war der Besuch von Helmut Kohl und Ronald Reagan auf einem Friedhof, auf dem auch SS-Soldaten begraben liegen.

*Wibke Bruhns:* Soldaten der Waffen-SS, wie man dazu sagen muss. Ja, da gab es natürlich schon auch Empörung meinerseits. Aber mich haben die USA letztlich nie so interessiert, wie mich der Nahe Osten bis heute interessiert.

- Sie kamen dann zurück und sind vom "Stern" weggegangen. Was hat Sie später an der deutschen Einigung überrascht? Dass sie überhaupt kam?

*Wibke Bruhns:* Ja, erstens, dass sie überhaupt kam. Ich war da eigentlich noch zu frisch hier, um zu begreifen, was sich da in der Zwischenzeit in der DDR getan hatte. Ich war einfach zu weit weg gewesen, d. h. meine Kenntnisse reichten nicht ganz. Ich habe dann im Schnellverfahren gelernt, wie dieser Dampfkochtopf dabei war, zu explodieren. Dass das dann auf diese friedliche Art und Weise passierte, fand ich sensationell.

- Bevor Sie endgültig zur erfolgreichen Buchautorin geworden sind, haben Sie noch eine kurze Zeit beim damaligen ORB, also beim "Ostdeutschen Rundfunk Brandenburg" verbracht.

*Wibke Bruhns:* Dort war ich gerne.

- Sie waren dort für die Kultur zuständig. Das war ein Schritt mitten in eine Institution hinein, dabei sind Sie doch ein so freiheitsliebender, widerspruchs- und empörungsfähiger Mensch. Da muss Ihnen doch diese Art von Anstalt gar nicht gefallen haben?

*Wibke Bruhns:* Rosenbauer, der damals Intendant war, und ich haben uns auch immer wieder ernsthaft gestritten. Aber ich wollte gerne in den Osten ...
- Und das als Wessi.
*Wibke Bruhns:* Ja, gerade deswegen, denn ich wollte wissen, wie es dort ist. Ich wollte wissen, wie das alles dort funktioniert. Der ORB war ja ein ostdeutscher Sender gewesen und ich habe meine Zeit dort wirklich genossen. Ich fand es einfach toll, weil mir dort in diesem Sender so viel Professionalität begegnet ist.
- Aber bei diesem sensiblen Thema "Kultur und Ossi" gibt es doch eine ganz eigene Befindlichkeit aus der DDR-Zeit heraus. Sind Sie dem gerecht geworden?
*Wibke Bruhns:* Ich hoffe doch. Ich war schon der Meinung, dass ich das schaffen würde: Das Handwerk konnte ich ja und die Inhalte würde ich lernen, davon war ich überzeugt. Ich wollte allerdings auch wissen, ob ich einen institutionellen Job machen kann. Ich war nie davor Chefredakteurin oder Hauptabteilungsleiterin oder dergleichen gewesen, wirklich nichts davon. Dort war ich dann Hauptabteilungsleiterin und war dann schon auch gelegentlich ärgerlich. Denn ich habe mich immer ums Geld kümmern müssen, während die Kollegen losmarschieren und schöne Sachen machen konnten. Aber ich habe eben festgestellt: Ich kann das, ich kann auch Vorgesetzte sein. Aber ich mag es nicht.
- Sie mögen es nicht, aber Sie sind es gewesen. Da Sie auch zweifache Mutter sind, eine ganz kleine letzte Frage: Die Fehler der Mütter macht man nicht wieder, man macht eigene Fehler. Haben Sie denn das Verhältnis zu Ihren Kindern besser hinbekommen als Ihre Mutter mit Ihnen?
*Wibke Bruhns:* Ich glaube schon, aber meine Mutter hatte keine Wahl. Ich war dann zwar auch alleinerziehende Mutter, aber ich bin natürlich auch eine Kinderladenbewegungs-Mutter gewesen. Die Voraussetzungen mentaler Natur waren einfach anders als bei meiner Mutter. Ja, mit meinen Kindern geht das prima.

# Kurzbiografien

### EGON BAHR

Geb. 18. März 1922 in Treffurt, gelernter Industriekaufmann und Journalist. 1940 Abitur. Wegen „Einschleichens in die Wehrmacht" Strafversetzung als „nichtarischer" Rüstungsarbeiter. Nach dem Krieg Zeitungsjournalist. 1950-1960 Chefkommentator und Bonner Büroleiter vom RIAS. Seit 1956 Mitglied der SPD. 1960-1966 Leiter des Presse- und Informationsamtes des Landes Berlin. 1966-1969 Leiter des Planungsstabes im Auswärtigen Amt. 1972-1990 Mitglied des Deutschen Bundestages. 1972-1974 Bundesminister für besondere Aufgaben, 1974-1976 Bundesminister für wirtschaftliche Zusammenarbeit. 1984-1994 Wissenschaftlicher Direktor des Instituts für Friedensforschung und Sicherheitspolitik der Universität Hamburg. Seit 1984 Honorarprofessor an der Universität Hamburg.

### HANS MAIER

Geb. 18. Juni 1931 in Freiburg im Breisgau, Studium in Freiburg, München und Paris. 1956 Staatsexamen für das höhere Lehramt, 1957 Promotion. 1962 Habilitation und Professor für politische Wissenschaft am Geschwister-Scholl-Institut der Universität München. 1970-1986 (zunächst) parteiloser bayerischer Kultusminister. 1978-1987 Mitglied im Bayerischen Landtag. 1976-1988 Präsident des Zentralkomitees der Deutschen Katholiken. 1985-1988 Präsident des Deutschen Bühnenvereins/Bundesverband deutscher Theater. 1988-1999 Professor für Christliche Weltanschauung, Religions- und Kulturtheorie an der LMU München (Guardini-Lehrstuhl). 2004 ordentliches Mitglied der Philosophisch-historischen Klasse der Bayerischen Akademie der Wissenschaften.

### CHARLOTTE KNOBLOCH

Geb. 29. Oktober 1932 als Charlotte Neuland, Tochter des Rechtsanwaltes und späteren bayerischen Senators Fritz Neuland. Nach Trennung der Eltern wurde sie von ihrer Großmutter Albertine Neuland aufgezogen, die später im KZ Theresienstadt ermordet wurde. Den Holocaust überlebte sie selbst, weil sie von einer ehemaligen Hausangestellten vor der Deportation auf einem mittelfränkischen Bauernhof versteckt und als katholisches Kind ausgegeben wurde. Nach Kriegsende heiratete sie Samuel Knobloch, einen Überlebenden des Krakauer Gettos. Sie gründete die deutsche Sektion Womens's International Zionist

# Kurzbiografien

Organisation. Seit 1985 ist sie Präsidentin der Israelitischen Kultusgemeinde von München und Oberbayern, seit 2005 Vizepräsidentin des Jüdischen Weltkongresses. 2003-2010 war sie Präsidentin des Zentralrates der Juden in Deutschland.

### JUTTA LIMBACH

Geb. 27. März 1934 in Berlin. Jurastudium, 1958 Erstes Staatsexamen, 1962 Zweites Staatsexamen. 1963-1966 Akademische Rätin am Fachbereich Rechtswissenschaft der Freien Universität Berlin. 1966 Promotion. 1971 Habilitation. 1972 Professorin für Zivilrecht an der FU Berlin an. 1982 Gastprofessorin in Bremen. 1987-1989 Mitglied im Wissenschaftlichen Beirat für Familienfragen beim Bundesministerium für Familie, Senioren, Frauen und Jugend. Ab 1987 Vorstandsmitglied, später Beiratsmitglied der Gesellschaft für Gesetzgebung. 1992-1993 Mitglied der Gemeinsamen Verfassungskommission des Bundesrats und Deutschen Bundestages. 1989-1994 Senatorin für Justiz in Berlin. 1994-2002 Präsidentin des Bundesverfassungsgerichts. Von 2002-2008 Präsidentin des Goethe-Instituts. Seit 2009 Vorsitzende des Medienrats der Medienanstalt Berlin-Brandenburg.

### RITA SÜSSMUTH

Geb. 17. Februar 1937 in Wuppertal. Studium der Romanistik und der Geschichte in Münster, Tübingen und Paris. 1961 Erstes Staatsexamen für das Lehramt. Postgraduiertenstudium der Erziehungswissenschaft, Soziologie und Psychologie. 1964 Promotion. 1963-1966 wissenschaftliche Assistentin, ab 1966 Dozentin an der Pädagogischen Hochschule Ruhr. 1971 ordentliche Professorin für Erziehungswissenschaft an der PH Ruhr. 1980 Professorin an der Universität Dortmund. 1982-1985 Direktorin des Instituts Frau und Gesellschaft in Hannover. Seit 1981 Mitglied der CDU. 1983 Vorsitzende des Bundesfachausschusses für Familienpolitik der Partei. 1986-2001 Bundesvorsitzende der Frauen-Union. 1987-1998 Mitglied im Präsidium der CDU. 1987-2002 Mitglied des Deutschen Bundestages. 1985-1988 Bundesministerin für Jugend, Familie und Gesundheit. 1988-1998 Präsidentin des Deutschen Bundestages. 2005-2010 Präsidentin der staatlich anerkannten Berliner OTA Privathochschule, heute SRH Hochschule Berlin.

### GERD SCHMÜCKLE

Geb. 1. Dezember 1917 in Stuttgart, gest. 28. Mai 2013 in München. 1936 Eintritt in die Wehrmacht, Frankreich-Feldzuges in der 7. Panzerdivision unter Erwin Rommel. Danach Russlandfeldzug. 1944 Generalstabsoffizier, Major und Artillerie-Abteilungskommandeur. Nach Kriegsende Landwirt und Journalist. 1956 Eintritt in die Bundeswehr. 1957-1962 Pressesprecher des Bundesverteidigungsministeriums unter Franz Josef Strauß. 1964-1968 Militärberater des deutschen NATO-Vertreters Wilhelm Grewe in Paris und Brüssel. 1968-1970 stellvertretender Kommandeur der 12. Panzerdivision in Veitshöchheim. 1970-1974 im NATO-Hauptquartier Europa. 1974 Generalleutnant, Direktor des Internationalen Militärstabes in Brüssel. 1978-1980 General und stellvertretender Supreme Allied Commander Europe der NATO.

DIETER HILDEBRANDT

Geb. 23. Mai 1927 in Bunzlau, Niederschlesien, gest. 20. November 2013 in München. Ab 1943 Flakhelfer, kurz vor Kriegsende noch zur Wehrmacht eingezogen. Amerikanische Kriegsgefangenschaft. 1947 Abitur nachgeholt. Ab 1950 Studium der Literatur- und Theaterwissenschaft, Kunstgeschichte in München. Privater Schauspielunterricht. 1953 Prüfung der Schauspieler-Genossenschaft am Residenztheater München. Studentenkabarett „Die Seminarren". 1955 Gründung des Kabaretts „Die Namenlosen". 1956-1972 Gründung und Betrieb (zusammen mit Sammy Drechsel) der Münchner Lach- und Schießgesellschaft. Anschließend Kabarettprogramm mit Werner Schneyder, Gerhard Polt. 1973-1979 Kabarettsendung „Notizen aus der Provinz" (ZDF). 1980-2003 Kabarettsendung „Scheibenwischer" (ARD). Zahlreiche Filmrollen, Autor zahlreicher Bücher.

WIBKE BRUHNS

Geb. am 8. September 1938 in Halberstadt. Ihr Vater Hans Georg Klamroth wurde am 1944 als „Mitwisser" des Hitler-Attentats vom 20. Juli hingerichtet. Nach dem Krieg aufgewachsen in Stockholm, Berlin und London. Nach journalistischer Ausbildung Redakteurin beim ZDF, die als erste Frau im westdeutschen Fernsehen Nachrichten präsentierte. Korrespondentin in Bonn und für den „Stern" in Israel (1979-1983) und Washington (1984-1988). 1995 Kulturchefin beim ORB. 2000 Sprecherin der Weltausstellung EXPO 2000 in Hannover.